PROSPECTUS LONDINENSIS

A181 UHV

Dorothea Schröder

Spaziergänge durch das musikalische London

Arche

Inhalt

Die Musikmetropole an der Themse 5

Erster Spaziergang
Von Mayfair zum Haymarket – Auf Händels Spuren 11

Zweiter Spaziergang
Vom Haymarket nach Westminster – Noch einmal Händel 35

Dritter Spaziergang
Soho – Swinging London & Roaring Sixties 49

Vierter Spaziergang
Von Covent Garden zum Trafalgar Square – Theaterland 67

Fünfter Spaziergang
Von Staple Inn zur neuen British Library – Musikgelehrte und ein Kapitän 87

Sechster Spaziergang
Von St. Paul's Cathedral zum Temple – Musik in Kirchen und Tavernen 101

Siebter Spaziergang
Von Aldgate nach Southwark – 7 Orgeln & das Shakespeare-Theater 117

Ein Ausflug
Tunbridge Wells – Händels Sommerfrische 129

Musikinstrumentensammlungen in London und Umgebung 133

Musiker-Stätten abseits der Spazierwege 139

Konzertstätten in London 145

Quellenverzeichnis und Zitatnachweis 148
Literaturverzeichnis 148
Bildnachweis 149
Danksagung 151
Biographische Notiz 151
Register der Personen, Orchester, Ensembles und Bands 151
Straßen- und Gebäudeverzeichnis 155

Cover: Malcolm Sargent beim Abschluß-Konzert (Last Night of the Proms) in der Royal Albert Hall, 1966
Vorsatz vorn: London vom Südufer der Themse aus gesehen. Kupferstich, 1710
Vorsatz hinten: London von der Themse aus gesehen. Fotografie um 1948
Frontispiz: Die Parlamentsgebäude und der Glockenturm »Big Ben«

Lithos: Hillebrandt, Hamburg
Gesamtherstellung: Wilhelm Röck, Weinsberg
Printed in Germany
ISBN 3-7160-2236-5

Die Musikmetropole an der Themse

Rings um Westminster Abbey und bei den Parlamentsgebäuden, dort, wo sich die Reisenden drängen wie an keiner anderen Stelle in London, kann man zur vollen Stunde oft ein kleines, völkerverbindendes Ritual beobachten: Wenn der erste Schlag der Uhrglocken vom Big Ben ertönt, bleiben viele Touristen wie gebannt stehen (vor allem diejenigen, die London zum erstenmal besuchen), lauschen dem berühmten »bing – bang – bong – dong«, lächeln einander zu und eilen erst weiter, nachdem der letzte Ton der tiefen Stundenglocke verhallt ist. Gibt es eine andere Stadt auf der Welt, die so eng mit einem musikalischen Motiv verbunden ist wie London mit dem Westminster-Glockenschlag? Wer in London gewesen ist, ohne auch nur einmal diese Tonfolge gehört zu haben, der hat etwas Wichtiges verpaßt. Das jedenfalls glauben die Fremden, während die Londoner selbst seit bald 140 Jahren mit den Glocken vertraut sind und sie kaum noch bewußt wahrnehmen.

Doch ob einheimisch oder auf Besichtigungstour – nur die wenigsten wissen, was da eigentlich vom Parlamentsturm herüberklingt. Für den Spurensucher in Sachen Musik ist es ein Signal, das ihn geradewegs zu einer überragenden Gestalt des Londoner Musiklebens führt, nämlich zu Georg Friedrich Händel. Aus seinem Oratorium *Messiah* (1742) entnahm der Komponist William Crotch 1794 ein kurzes Motiv (genauer: die Töne gis – fis – e – h aus der Einleitung der Arie *I know that my redeemer liveth*, Takt 5/6) und variierte es für eine Glockenuhr in Cambridge. Später wurden diese Schlagfolgen für das Big Ben-Geläute übernommen; der Viertelstunden-Schlag entspricht Händels Originalmotiv.

Georg Friedrich Händel (1685–1759) oder, wie er sich in England schrieb, George Frideric Handel prägt also noch immer den akustischen Charakter der englischen Hauptstadt. Als Repräsentant einer Blütezeit des Londoner Musiklebens spielt er auch in diesem Reiseführer eine Hauptrolle: Zwei Spaziergänge führen zu Kirchen, Theatern, Palästen und Häusern, in denen er gelebt und gearbeitet hat. Im Spätsommer 1710 reiste Händel, der junge Hofkapellmeister des Kurfürsten von Hannover und nachmaligen englischen Königs George I., zum erstenmal nach London, wo er bereits im Februar 1711 mit seiner Zauberoper *Rinaldo* einen sensationellen Erfolg erringen konnte. Danach kehrte er zwar vorerst nach Hannover zurück, doch nur, um schon im Herbst 1712 wieder eine Reiseerlaubnis einzuholen und sich nun endgültig in London niederzulassen.

In den folgenden Jahrzehnten wurde

die Stadt zum Mittelpunkt eines Weltreiches. Händels Musik ist untrennbar mit diesem Aufstieg verbunden: Sie begleitete Staatszeremonien und Kirchenfeste, sie erklang in den Stadtpalästen des Adels, fand in zahllosen Druckausgaben ihren Weg in die Bürgerhäuser und traf – besonders in den großen Chorwerken – den Geschmack des englischen Publikums so genau, daß sie für immer in den Kanon der nationalen Kunst aufgenommen wurde. Sie galt als Ausdruck von Erhabenheit, Größe, würdevoller Schlichtheit und aus dem rechten Glauben gewonnener Kraft, mithin als tönendes Symbol für den Idealcharakter des britischen Empires.

Vor und nach Händels Zeit war England jedoch keineswegs, wie es manchmal dargestellt wird, ein *land without music*. Ganz im Gegenteil: Mittelalterliche Notenhandschriften zeugen von der intensiven Musikpflege in den Klöstern (bis hin zu mehrtägigen gesungenen Schauspielen nach biblischen Geschichten und Heiligenlegenden), während in einigen Herrenhäusern noch die *minstrels galleries* – Emporen für Spielleute – erhalten geblieben sind, auf denen hochgeschätzte Wandermusiker den weltlichen Herren zum Tanz aufspielten und Heldenlieder sangen. Wie diese Musik klang, haben uns in den letzten Jahrzehnten viele hervorragende *Early Music*-Ensembles aus England demonstriert. Im 14. und frühen 15. Jahrhundert bildeten englische Komponisten wie Lionel Power und John Dunstable die Avantgarde der europäischen Musik, und wenn England auch danach (bis zum Siegeszug der Beatles) nie wieder eine führende Position in der Musikwelt einnehmen konnte, so wurde die Tonkunst doch zu keiner Zeit vernachlässigt. Die Insellage und die politischen Verhältnisse förderten eine gewisse Sonderentwicklung: Dazu gehört der seit Jahrhunderten enge Bezug der »Kunstmusik« zu Volksmelodien genauso wie ein Hang zur Melancholie – nachzuweisen an den Renaissance-Liedern John Dowlands, den Barockopern Henry Purcells oder den Werken Benjamin Brittens.

Bis in die jüngste Zeit hat man Englands Komponisten häufig den Vorwurf gemacht, an traditionellen, oft schon überholten Formen festzuhalten. Hugh Wood, Jahrgang 1932, gab darauf einmal die für ihn typische humorvolle Antwort, daß die Briten eben die Eigenschaft besäßen, ihre Angelegenheiten ziemlich spät, aber dafür ganz besonders gut zu erledigen. Englische Madrigale oder die Symphonien Edward Elgars stehen am Ende der jeweiligen Gattungsgeschichte, sind jedoch Meisterwerke mit unverwechselbarem Charakter.

Auf unseren Spaziergängen werden wir nicht nur Londoner Komponisten und Musikern, sondern auch vielen illustren Gästen vom Kontinent begegnen. Daß die Themse-Stadt bis heute eine so unwiderstehliche Anziehungskraft auf internationale Virtuosen ausübt, verdankt sie ihrer Konzerttradition, die weiter zurückreicht als in vielen anderen Metropolen. Während sich das Musikleben in Europa und besonders im Deutschen

Georg Friedrich Händel. Ölgemälde von Thomas Hudson, 1748/49

Reich noch vornehmlich an den Fürstenhöfen abspielte, fanden in London bereits um 1670 die ersten öffentlichen, von den Musikern selbst organisierten Konzerte statt. Sie waren so erfolgreich, daß bald Dutzende von deutschen und italienischen Komponisten (darunter Johann Wolfgang Franck und Johann Sigismund Kusser) nach England zogen, um dort, unabhängig von Fürstengunst, ihr Glück zu suchen. »In Italien und in Frankreich ist was zu hören und zu lernen, in England was zu verdienen«, konstatierte der Hamburger Musikschriftsteller Johann Mattheson schon anno 1713.

Doch das Londoner Publikum – Königshof, Adel und Bürgertum – war nicht nur freigebig, es wußte auch musikalische Größe zu erkennen und durch seine manchmal geradezu überwältigende Zuneigung zu belohnen. Das erfuhren neben vielen anderen Joseph Haydn, der in England mehr verdiente und höher geschätzt wurde als in seiner Heimat Wien, und Clara Schumann, die in ihrem Tagebuch den Londoner Zuhörern ein wunderschönes Kompliment machte: »Mir fiel heute wieder einmal auf, wie feinsinnig hier so viele Menschen sich gegen meine Kunst äußern, was mir z.B. in Frankfurt selten genug passirt. Die Engländer haben eine merkwürdig lebendige Empfindungsweise, es scheint, daß das steife Formenwesen im Allgemeinen ihr Empfinden in ihr Innerstes zurückdrängt, und, lassen sie sich einmal gehen, dann bricht alles Gefühl mit viel größerer Lebendigkeit hervor, als es bei uns Deutschen der Fall ist. Die große Empfänglichkeit hier berührt Einen so angenehm, regt so an, daß man oft fast über seine Kräfte leistet...« (25. April 1886).

Wer heute in London nach den Spuren der Musikgeschichte sucht, wird bald wehmütig erkennen, daß keine Zeit die Stadt so sichtbar und tiefgreifend geprägt hat wie unser Jahrhundert. Die Verwüstung der alten City of London durch Hitlers »Blitzkrieg« zwischen September 1940 und Mai 1941, aber auch die ungebremste und unkontrollierte Bautätigkeit der letzten zwanzig Jahre haben manche Teile Londons ihres Charakters beraubt. Um einen Eindruck von dem zu vermitteln, was verlorengegangen ist oder eingreifend verändert wurde, zeigen die Abbildungen in diesem Band überwiegend historische Ansichten von Bauwerken und Straßen. Noch kann sich, wie auf alten Gemälden und Fotos, die Kuppel von St. Paul's Cathedral im Stadtbild behaupten, doch die Türme der City-Kirchen aus dem 17. Jahrhundert versinken im Meer der neuen Bürohäuser wie die Masten untergehender Schiffe. Immer stärker wächst jedoch auch das Bewußtsein für das Schutzwürdige, gestützt von der legendären Traditionsliebe der Engländer, die gerade in London für ein einzigartiges Nebeneinander von hypermoderner Architektur und Technik und jahrhundertealten, dem Besucher vom Kontinent oft völlig absurd erscheinenden Bräuchen und Zeremonien gesorgt hat.

Spaziergänge durch das musikalische London sind gleichzeitig stadtarchäologische Streifzüge: Sie führen quer durch einen historischen Schichtkuchen, an Bekanntem und Unbekanntem vorbei, sie sollen den Blick für die einzelnen Epochen schärfen und damit auch Anregungen zu eigenen Entdeckungen geben. Lassen wir uns dabei im Geiste von dem großen Gelehrten Dr. Samuel Johnson leiten, der 1763 jedem London-Besucher einen zeitlos gültigen Rat gab: »Wenn man von der Größe dieser Stadt eine richtige Vorstellung gewinnen will, darf man sich nicht mit den berühmten Straßen und Plätzen begnügen, man muß auch die zahllosen Gäßchen und Hinterhöfe kennenlernen. Nicht im Schaugepränge großer Bauwerke, sondern in der Vielfalt menschlicher Behausungen, die sich hier drängen, besteht das wahrhaft Unermeßliche Londons.«

Die Größe der Stadt bringt es mit sich, daß uns auf den sieben Wegen nicht alle Namen begegnen, die im Londoner Musik- und Theaterleben einen großen Klang hatten und haben. Den Musikerstätten außerhalb des inneren Stadtbereichs ist deshalb ein Extrakapitel gewidmet.

Ein Reiseführer bietet auch nicht den Raum für eine noch so kurz gefaßte Darstellung der englischen Musikgeschichte oder der musikalischen Wechselbeziehungen zwischen Deutschland und England – bedauerlicherweise, denn hier wäre auf viel nahezu Unbekanntes hinzuweisen, wie etwa auf die Tatsache, daß Ludwig van Beethovens Neunte Symphonie im Auftrag der Londoner Royal Philharmonic Society entstand! Leider gibt es keine Veröffentlichung zu diesem Thema. Als preiswerter und informativer Bildband zur Musikgeschichte Englands vom Mittelalter bis zur Gegenwart ist das von David Fraser herausgegebene Buch *Fairest Isle. BBC Radio 3 Book of British Music* (London 1995) sehr zu empfehlen.

Für den Musikfreund besteht das Unermeßliche Londons nicht zuletzt in der kaum übersehbaren Vielfalt der Musikdarbietungen. Wir haben deshalb darauf verzichtet, alle Veranstaltungsorte aufzuzählen – wöchentlich erscheinende Magazine mit Informationen über das aktuelle Kulturprogramm sind in jeder Londoner Zeitschriftenhandlung erhältlich. Schauen Sie darin nicht nur auf die großen Namen: Studentenkonzerte der Musik-Colleges bieten oft ganz hervorragende Interpretationen, ebenso wie die Projekte der zahlreichen kleineren Theatergruppen. Überall wird der Besucher vom Kontinent die Offenheit und Lebendigkeit des Londoner Publikums kennenlernen. Musik gehört zur angenehmen Seite des *English way of life* und dient im besten Sinne zur Unterhaltung – wundern Sie sich deshalb nicht, wenn in einer altehrwürdigen Kirche während der Konzertpause Wein ausgeschenkt wird! Und genießen Sie einmal einen Sommernachmittag auf englischem Parkrasen, auch wenn die Kapelle im Konzertpavillon den Walzer zu langsam spielt. *Nobody is perfect*, aber jeder darf das Musikleben mitgestalten und seine Freude daran haben, ob bei 400 Jahre alten Madrigalen oder den karibischen Rhythmen des Notting Hill Carnival. Wenn sich seit Händels Zeiten auch das Gesicht Londons verändert hat, ist doch die Stadt als Musikzentrum heute mehr denn je ein Anziehungspunkt für Besucher aus aller Welt.

Die königliche Garde am St. James's Palace

Erster Spaziergang
Von Mayfair zum Haymarket – Auf Händels Spuren

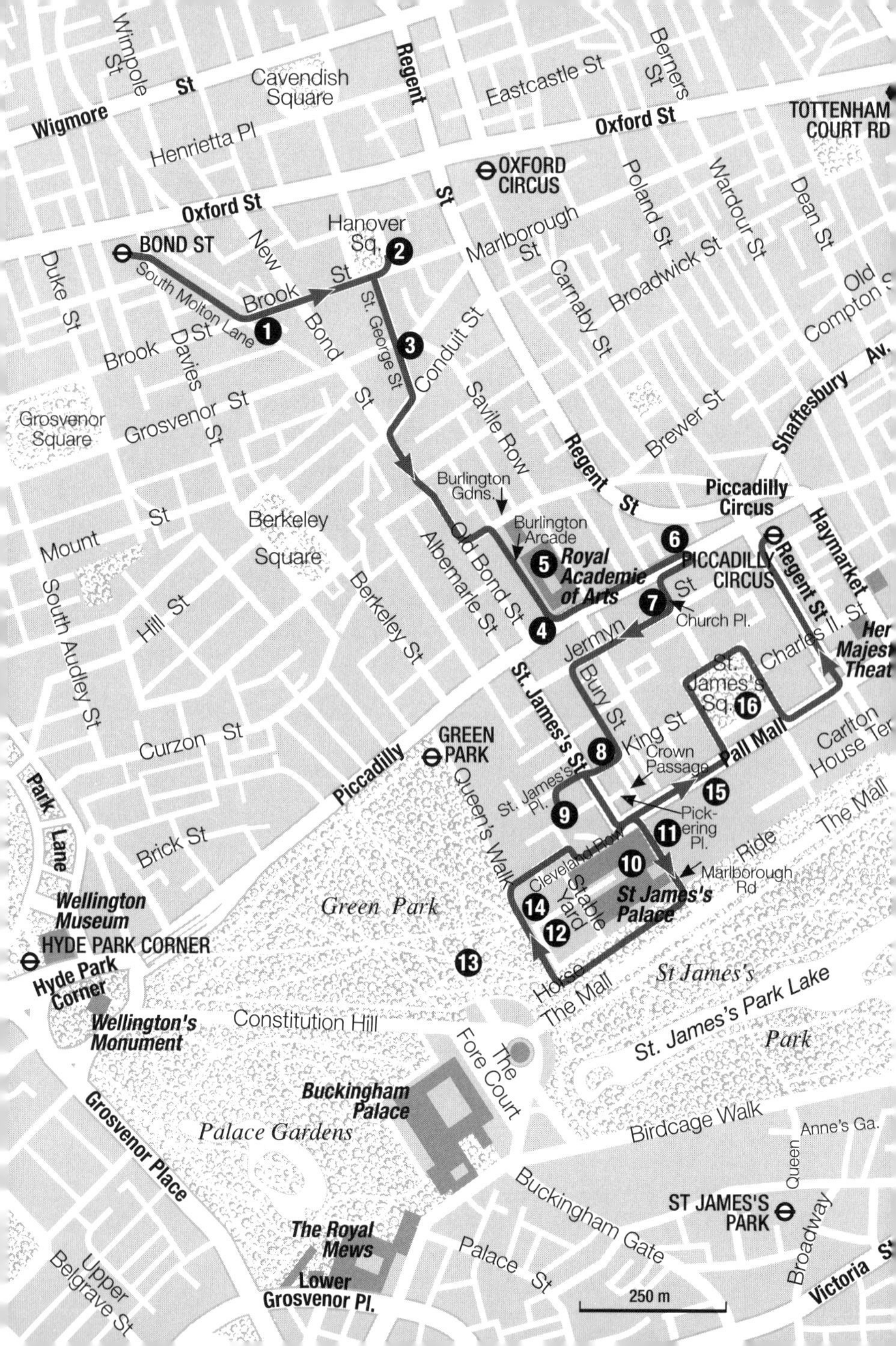
Wimpole St
Wigmore St
Cavendish Square
Regent St
Eastcastle St
Berners St
TOTTENHAM COURT RD
Oxford St
Henrietta Pl
OXFORD CIRCUS
Oxford St
Hanover Sq.
BOND ST
New Bond St
South Molton Lane
Brook St
St. George St
Marlborough St
Poland St
Wardour St
Dean St
Broadwick St
Carnaby St
Old Compton St
Duke St
Brook St
Davies St
Conduit St
Savile Row
Grosvenor Square
Grosvenor St
Shaftesbury Av.
Brewer St
Regent St
Burlington Gdns.
Piccadilly Circus
Mount St
Berkeley Square
Burlington Arcade
Royal Academie of Arts
PICCADILLY CIRCUS
Haymarket
Regent St
Old Bond St
Albemarle St
Berkeley St
Hill St
South Audley St
Church Pl.
Jermyn St
Bury St
Charles II. St
Her Majesty's Theatre
St. James's Sq.
St. James's St
King St
Carlton House Ter
Curzon St
GREEN PARK
Piccadilly
Queen's Walk
Crown Passage
Pall Mall
Park Lane
St. James's Pl.
Pickering Pl.
The Mall
Brick St
Cleveland Row
Ride
Marlborough Rd
Stable Yard
St James's Palace
Green Park
Wellington Museum
HYDE PARK CORNER
Hyde Park Corner
Horse
The Mall
St James's
St. James's Park Lake
Wellington's Monument
Constitution Hill
Park
The Fore Court
Buckingham Palace
Birdcage Walk
Palace Gardens
Anne's Ga.
Grosvenor Place
Queen
Buckingham Gate
ST JAMES'S PARK
Broadway
The Royal Mews
Palace St
Victoria St
Upper Belgrave St
Lower Grosvenor Pl.
250 m
1
2
3
4
5
6
7
8
9
10
11
12
13
14
15
16

Dieser Spaziergang bildet mit dem folgenden zusammen eine Route, die von der Oxford Street nach Westminster Abbey führt und so viele musikalische Sehenswürdigkeiten berührt, daß sie der Übersichtlichkeit halber in zwei Teilen beschrieben wird. Jeder Teil für sich beansprucht – bei gemütlichem Tempo, Pausen eingerechnet – etwa vier Stunden, einen Vor- oder Nachmittag. Auf dem Weg durch die Stadtteile Mayfair, St. James's und Westminster besuchen wir die Wohn- und Arbeitsstätten Georg Friedrich Händels in London: Sein Haus in der Brook Street ist der Ausgangspunkt, dann geht es weiter zu seiner Pfarrkirche, zum Stadtpalast seines Mäzens, des Earl of Burlington, und zu Palastkapellen und Theatern, in denen seine Musik erklang. Am Ende des zweiten Spaziergangs steht die Besichtigung von Westminster Abbey, wo Händel am 20. April 1759 begraben wurde.

Unser Streifzug auf Händels Spuren ist gleichzeitig ein Bummel durch das London der Gentlemen zwischen New Bond Street und Pall Mall mit seinen nostalgischen Luxusgeschäften und Kunsthandlungen – ebenso (im zweiten Teil) ein Weg durch das politische Zentrum des Königreiches zwischen St. James's Palace, den Regierungsgebäuden von Whitehall und der Krönungs- und Grabkirche der englischen Monarchen. Neben Händel werden uns dabei viele prominente, aber auch weniger bekannte Persönlichkeiten des Londoner Musiklebens aus mehreren Jahrhunderten begegnen. Einige der berühmtesten waren reisende Virtuosen, und was einer von ihnen – Felix Mendelssohn – bei seinem ersten Aufenthalt in der Millionenstadt empfand, läßt sich noch heute im Verkehrs- und Touristengetümmel auf den Hauptstraßen nachfühlen: »Es geht um mich herum wie in einem Strudel und dreht und reißt mich fort; im letzten halben Jahr in Berlin habe ich nicht so viele Kontraste und so viel Verschiedenes gesehen, als hier in drei Tagen... Das Gewirre! Der Strudel!«

Es ist ratsam, diesen Spaziergang an einem Wochentag zu machen, da die Kirchen dann besichtigt werden können und Leben in den noblen Ladenpassagen herrscht.

Um zur ersten Station zu gelangen, gehen wir von der U-Bahn-Haltestelle Bond Street aus durch Davies Street und South Molton Lane zur Brook Street. Hier wenden wir uns nach links und stehen nach wenigen Schritten vor einer Gruppe von drei Häusern aus dem 18. Jahrhundert. Das mittlere ist mit einer blauen Plakette geschmückt, die an seinen berühmtesten Bewohner erinnert.

❶ Händels Wohnhaus
25 Brook Street

Sechsunddreißig Jahre lang, von 1723 bis zu seinem Tod im Jahr 1759, lebte und arbeitete Händel in diesem Haus, das äußerlich bis auf die Hinzufügung des obersten Geschosses seitdem unverändert geblieben ist. Dank der 1991 gegründeten Stiftung *The Handel House Trust* entging es einer drohenden Umgestaltung als Geschäftshaus und wird derzeit restauriert. Das Ziel der Stiftung ist die Einrichtung

Händels Wohnhaus, 25 Brook Street.
Aquarell aus dem 19. Jahrhundert

eines »lebendigen« Händel-Museums: es soll nicht nur Ausstellungsstücke beherbergen, sondern auch Platz für Kammerkonzerte und viele andere Veranstaltungen bieten. Händels Musikzimmer im ersten Stock wird, ausgestattet mit nachgebauten Instrumenten, als Probenraum für junge Künstler zur Verfügung stehen, und so werden die Besucher – voraussichtlich von 2000 an – das Haus wieder wie zu Lebzeiten des großen Komponisten als Treffpunkt von Musikern und Musikfreunden erleben können.

»Händels Figur war groß, und er war etwas untersetzt, stämmig und unbehülflich; sein Gesicht aber... war voller Feuer und Würde und verriet Geistesgröße und Genie. Er war zufahrend, rauh und entschieden in seinem Umgange und Betragen, aber ohne alle Bösartigkeit und Tücke. Auch war in seinen lebhaftesten Aufwallungen des Zorns und der Ungeduld eine gewisse Laune und Spaßhaftigkeit, die vollends durch sein gebrochenes Englisch noch lächerlicher wurde.« Diese Charakterschilderung von Charles Burney, der als junger Mann Händel kennengelernt hatte, ist wohl sehr zutreffend – Anekdoten über cholerische Ausbrüche des großen Meisters wie auch über seine Lust am Essen und Trinken gibt es ja in großer Zahl. Unter der rauhen Schale steckten jedoch Humor und Gutmütigkeit: »Händels gewöhnliche Miene war etwas finster und sauersehend; wenn er aber einmal lächelte, so war es wie die Sonne, die aus einer schwarzen Wolke hervorbricht. Aus seinen Zügen strahlten dann auf einmal Verstand, Witz und gute Laune mit einer Stärke hervor, die ich nicht leicht bei sonst jemand bemerkt habe.«

Über Händels Privatleben ist erstaunlich wenig bekannt. Er blieb unverheiratet; das Haus in der Brook Street teilte er mit einem Kammerdiener und ein oder zwei Hausangestellten. Glücklicherweise kennen wir einige Momentaufnahmen aus seinem Kreis, so etwa den Bericht von Händels Freundin Mary Pendarves über eine Abendgesellschaft in ihrem Haus, das am anderen Ende der Straße (jetzt Upper Brook Street) lag: »12. April 1734... Ich habe mich niemals in einer Oper so gut unterhalten! Herr Händel war in der besten Laune der Welt, er spielte Cembalostücke und begleitete [die Primadonna] Strada und alle Damen, die von sieben bis elf Uhr sangen. Ich gab ihnen Tee und Kaffee, und um halb zehn ließ ich ein Tablett mit Schokolade, Glühwein und Gebäck hereinbringen. Alle fühlten sich wohl und waren vergnügt...« Wenn er auch mit Königen und Herzögen verkehrte, fühlte Händel sich doch in dieser typisch englischen, zwanglosen Atmosphäre des Stadtbürgertums und Kleinadels zu Hause. Wohlhabend und selbstbewußt, aber niemals überheblich, richtete er seine eigene Wohnung komfortabel und unprätentiös ein und leistete sich als Luxus nur eine kleine Gemäldesammlung, die leider verlorengegangen ist.

Jimi Hendrix

Mehr als 200 Jahre nach Händels Zeit zog ein anderer berühmter Musiker im Nachbarhaus ein: An den Rockstar Jimi Hendrix (1942–1970) erinnert neuerdings ebenfalls eine Plakette.
Die Brook Street führt über die New Bond Street hinweg zum Hanover Square, einem der drei großen Plätze des Stadtteils Mayfair. Zu Händels Lebzeiten war die um 1720 erbaute Anlage (von der nur die Häuser No. 16, 20 und 24 übriggeblieben sind) eine bevorzugte Wohngegend der feinen Gesellschaft.

❷ Der ehemalige Konzertsaal Hanover Square Rooms 5 Hanover Square, Ecke Hanover Street (heute Hanover Court)

Wo heute in einem gesichtslosen Bürogebäude das *business* herrscht, befand sich ehemals ein eleganter Konzertsaal, in dem sich zwischen 1775 und 1875 ein bedeutender Teil des Londoner Konzertlebens abspielte. Johann Christian Bach und Karl Friedrich Abel (s. S. 60f.) veranstalteten hier von der Eröffnung bis 1781 ihre Abonnementskonzerte mit berühmten Virtuosen vom Kontinent; ihnen folgten die *Professional Concerts* unter Wilhelm Cramer und Muzio Clementi und die Konzertserien des gebürtigen Rheinländers Johann Peter Salomon, dem es gelang, Joseph Haydn nach London zu holen. 1790/91 und 1794/95 führte der Wiener Meister hier seine *Londoner Symphonien* (Nr. 93–104) auf und wurde mit derartiger Begeisterung gefeiert, wie er es bis dahin noch nicht erlebt hatte: In England war er nicht mehr der Untergebene eines Fürsten, sondern der unabhängige, berühmte und geliebte Künstler, um dessen Bekanntschaft die High Society wetteiferte.
Fast fünfzig Jahre später jubelte das Londoner Publikum in den Hanover Square Rooms einem anderen Wiener Musiker zu: Johann Strauß Vater gab am 17. April 1838 sein erstes Konzert in England. »Ein derart perfektes Orchester ist auf dieser Seite des Kanals noch nie zu hören gewesen!« hieß es in der *Morning Post*. »Die Akkuratesse, die Klangschärfe, die exquisite Prä-

zision, mit der jede Passage ausgeführt wird, kann nur das Resultat von sorgfältigster, beharrlicher Übung sein« – was zu dieser Zeit noch keineswegs selbstverständlich war. (Unweit der National Gallery, am Eckhaus Leicester Street/Lisle Street, erinnert eine Plakette an diesen Besuch.)

Auch die Pflege der »Alten Musik« wurde in London schon seit dem 18. Jahrhundert betrieben. Über eines der *Concerts of Ancient Music*, bei denen alle aufgeführten Werke älter als 20 Jahre (!) sein mußten, berichtete Fürst Hermann von Pückler-Muskau im Mai 1827 seiner Frau Lucie: »Ich habe lange keinen ähnlichen Genuß gehabt. Was ist doch das modische Trillilieren gegen die Erhabenheit der alten Kirchenmusik! Ich fühlte mich ganz lebhaft in die Jahre meiner Kindheit zurückversetzt, ein Gefühl, das die Seele auf viele Tage stärkt und ihr von neuem leichtere Schwingen gibt...«

Das Gebäude wurde 1875 von einem Club übernommen und 1900 abgerissen.

Der Südausgang des Platzes, die St. George Street, führt uns nun zu einer Kirche, die seit dem 18. Jahrhundert als Hochzeitskirche der Vornehmen und Reichen berühmt ist.

❸ St. George Hanover Square St. George Street

Wer die 1720–1725 von John James gebaute Kirche betritt, erblickt als erstes das große Altargemälde des Letz-

Konzert in den Hanover Square Rooms. Zeitungsillustration, 1843

Die Kirche St. George Hanover Square. Kupferstich, um 1751

ten Abendmahls von William Kent, so wie auch Händel es gesehen hat, wenn er – Einwohner der Pfarrgemeinde und seit 1726 Mitglied der Church of England – den Gottesdienst besuchte. An seinem Platz auf der Südseite des Mittelschiffs sah man ihn vor allem während seiner letzten Lebensjahre jeden Sonntag, »wie er in seinen Blicken und Gesten inbrünstige Frömmigkeit zum Ausdruck brachte« (John Hawkins).

Die prachtvolle Orgel auf der Westempore macht uns mit einem Charakteristikum des englischen Orgelbaus im 18. Jahrhundert bekannt: Das Gehäuse ist nicht farbig gefaßt (allenfalls dunkelbraun oder schwarz), sondern im natürlichen Holzton der übrigen Einrichtung gehalten. Pfeifen und Schleierwerk erhalten dagegen eine kontrastierende silberne oder – wie hier – goldene Auflage oder Bemalung. Zu Händels Zeit besaß die Orgel von St. George's noch nicht den außergewöhnlich breiten Prospekt; sie bestand nur aus den mittleren drei Türmen und hatte kein Rückpositiv. Ihr Erbauer war Gerard Smith, ein Neffe des berühmten Orgelbauers Father Bernard Smith (s. S. 122).

Als erster Organist diente der von Händel sehr geschätzte Thomas Roseingrave (1688–1766), der einige Jahre in Italien verbracht hatte und dort zum Freund Domenico Scarlattis und Verehrer Palestrinas geworden war. Sein Stil galt in London als »zu gelehrt«, brachte ihm aber einen guten Ruf als Lehrer ein. Roseingraves Kar-

riere ging jedoch vorzeitig zu Ende, als er sich in eine seiner Schülerinnen aus reichem Hause verliebte, vom Vater beschimpft und hinausgeworfen wurde und daraufhin den Verstand verlor. Nachdem er sich auf dem Lande halbwegs erholt hatte, zog er 1745 zu seiner Familie nach Dublin.
Schon 1761 ließ die Gemeinde durch John Snetzler eine neue Orgel in das Smith-Gehäuse einbauen, und bei einem zweiten Neubau im Jahr 1894 erhielt der Prospekt seine jetzige, dem originalen Kern angepaßte Form. Anstelle des romantischen Werks erklingt seit 1972 ein an der barocken Tradition orientiertes Instrument der Orgelbauwerkstatt Harrison aus Durham.
Wir gehen die St. George Street weiter bis zum Ende, biegen nach rechts in die Conduit Street und an der nächsten Kreuzung nach links in die New Bond Street ein. Von der zweiten Querstraße links aus, Burlington Gardens, können wir durch die 1819 eröffnete Burlington Arcade den Weg zur Piccadilly-Straße angenehm abkürzen.

❹ Piccadilly

Am 9. Mai 1829 wanderte Felix Mendelssohn diese Straße entlang und schickte seinem Freund Adolf Bernhardt Marx eine hinreißende Beschreibung des Londoner Frühlingstreibens: »Auf der Straße ist eben der tollste Lärm; die Stutzer galopiren, die alten Lords reiten langsam, die Kinder traben auf Füllen einher; prächtige équipagen mit Goldgeschirr und sammtnen Bedienten warten auf einen Kohlenwagen, der mit seinen Elephantenpferden den Durchgang sperrt; daneben schmutzige Miethswagen in langer Reihe, Bettler und Pöbel gehen neben den Gräfinnen, die schön sind und sehr englischkalt aussehen und denen gepuderte Lakaien mit Atlashosen folgen; ein Kerl läutet mit einer großen Glocke Briefe aus; ein andrer singt eine neue Arie und hält die Hand hohl um sogleich die Pfennige zu empfangen (ein aufrichtiger Künstler); einer spielt den schotti-

Felix Mendelssohn Bartholdy. Das Aquarell von James Warren Childe entstand 1829 während Mendelssohns erstem London-Aufenthalt.

schen Dudelsack... Durch ein eisernes Gitter siehst Du aber auf eine weite grüne einsame Wiese, auf der die bunten Kühe weiden und wiederkäuen, und hin und wieder steht ein Baum... am Horizont ragen in die blaue Luft die weißen Thürme von Westminster drüber hinaus; der Nebel, der die Straßen bis jetzt dick einhüllte, ist jetzt zum Duft geworden, der die ganze Ferne himmelblau färbt, und die Wolken gehen oben so munter spatzieren wie die Menschen unten.«

Schon während seines ersten Aufenthalts in London eroberte der charmante Zwanzigjährige das Londoner Publikum. Er wohnte damals in der Great Portland Street (No. 103, nahe der Kreuzung Langham Street). Im Sommer 1829 reiste Mendelssohn weiter nach Schottland, wo ihn die wildromantische Landschaft zu seiner *Schottischen Sinfonie* (Queen Victoria gewidmet) und der *Hebriden-Ouvertüre* inspirierte. Neunmal kehrte er als Pianist und Dirigent nach England zurück; wenige Monate vor seinem Tod, im April 1847, leitete er in Birmingham und London mehrere Aufführungen seines Oratoriums *Elias*. Es gehört in England bis heute zu den beliebtesten Musikwerken.

Links neben dem Ausgang der Burlington Arcade betreten wir durch einen wuchtigen Torbogen den Vorhof des ehemaligen Stadtpalastes der Earls of Burlington.

Burlington House. Stich von Johannes Kip nach Leonard Knyff, um 1720

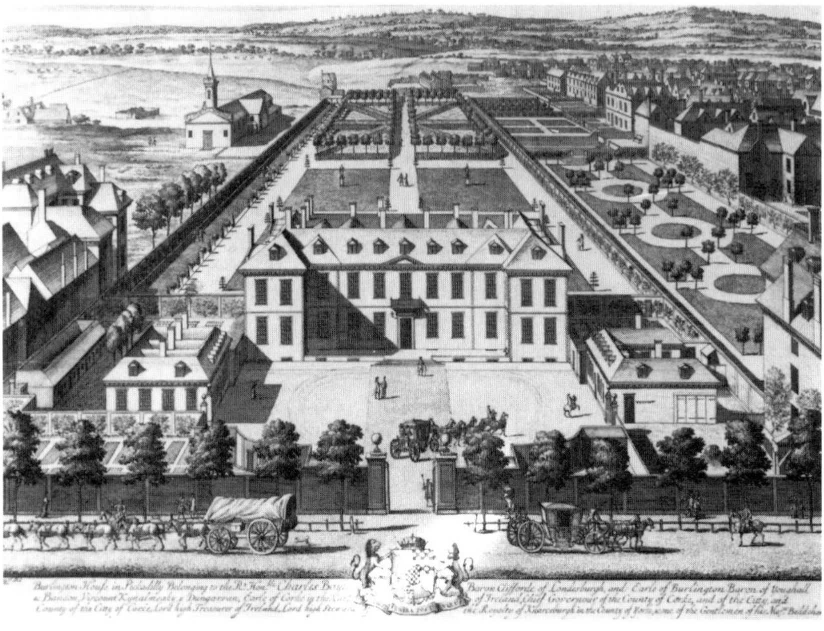

❺ Burlington House/ Royal Academy of Arts Piccadilly

Man braucht Phantasie, um sich Piccadilly so vorzustellen, wie es zur Zeit Händels aussah: Adelssitze säumten die Nordseite der Straße, und hinter den dazugehörigen Gärten ging die Stadt schon in Weide- und Ackerland über. Von diesen ländlichen Stadthäusern ist nur Burlington House übriggeblieben. 1667 kam es, noch im Rohbau, in den Besitz der Earls of Burlington, wurde aber erst 1717–1720 von Colen Campbell vollendet.

Bevor Richard Boyle (1694–1753), der dritte Earl, sich der Architektur zuwandte (sein Landsitz Chiswick House ist einer der einflußreichsten Bauten des Palladianismus), galt sein Hauptinteresse der italienischen Musik. Die Anregung dazu empfing er von seiner Mutter, Lady Juliana, der es wohl auch zu verdanken war, daß Händel 1712 oder 1713 in Burlington House einzog – nicht als Bediensteter, sondern als freier Künstler, der tagsüber komponierte und bei abendlichen Gesellschaften das Cembalo spielte. Er wohnte hier bis zum Antritt seiner Reise nach Deutschland im Juli 1716 und schrieb während dieser Jahre vier seiner Opern.

Im vorigen Jahrhundert bezog die Royal Academy of Arts das 1872–1874 umgestaltete Hauptgebäude. Auf dem Vorplatz erinnert eine Statue von Alfred Drury (1931) an Joshua Reynolds, den ersten Präsidenten der Kunstakademie.

Wir setzen unseren Weg in Richtung Piccadilly Circus fort und kommen an einem von der Straße zurückgesetzten, herrschaftlichen Backsteingebäude vorbei: Albany – so heißt das 1770–1775 gebaute Anwesen – ist seit fast 200 Jahren eine Wohnanlage für gutbetuchte Junggesellen (neuerdings auch für Damen). Zu den Mietern gehörten der dirigierende Premierminister Edward Heath und sein professioneller Kollege Thomas Beecham (1879–1961).

Auf derselben Straßenseite, etwa 100 Meter weiter in Richtung Piccadilly Circus, prangt die Säulenfassade des Grandhotels »Le Méridien«.

❻ Der ehemalige Konzertsaal St. James's Hall 21 (früher 28) Piccadilly (heute Grandhotel »Le Méridien«)

Von 1858 bis 1905 stand auf dem heutigen Hotelgrundstück eine Konzerthalle, in der jahrzehntelang die beliebten *Popular Concerts* stattfanden. Zu den berühmten Komponisten und Virtuosen, die in der St. James's Hall auftraten, gehörten Antonín Dvořák (1841–1904), der hier 1885 seine d-moll-Symphonie zur Uraufführung brachte, und Clara Schumann (1819–1896): Sie unternahm zwischen 1856 und 1888 neunzehn Konzertreisen nach England und fand in London mit der Zeit ein enthusiastisches Publikum. Der Durchbruch kam 1865, als sie mit Joseph Joachim zusammen einen *»Schumann-evening«* gab: »Der Empfang, der mir wurde, war derart warm, wie ich nie einen erlebt und ich wurde wahrhaft ergriffen davon… Ach hätte Robert das erlebt, wohl nie

Clara Schumann. Fotografie um 1875

hat er gedacht, daß ihm (denn *ihm* galt ja doch der größte Theil dieses Empfanges) mal in England eine solche Anerkennung werden würde...«
In den folgenden Jahren wurde jedoch immer deutlicher, daß die Londoner nicht nur Roberts Musik, sondern die Pianistin Clara liebten und dafür auch von ihr geliebt wurden. Auf einer ihrer letzten Reisen, als Siebenundsechzigjährige, spielte sie im tausendsten *Popular Concert*: »Als ich nachher heraus kam und in den Wagen steigen wollte, wartete eine ganze Schaar aus dem Publicum auf mich, wedelten mit den Taschentüchern und schrieen ›Wiederkommen Frau Schumann!‹ Das war doch reizend.«
Während ihrer Aufenthalte in London wohnte Clara Schumann oft bei dem Musikfreund Arthur Burnand und seiner Schwester in Kensington (14 Hyde Park Gate).
Wir gehen jetzt zurück zu der Kirche auf der anderen Straßenseite.

❼ St. James Piccadilly

Äußerlich schlicht, überrascht das 1684 geweihte Gotteshaus von Christopher Wren mit einem eleganten weiß-goldenen Interieur von seltener Einheitlichkeit. Kein Wunder also, daß Wren unter allen seinen Schöpfungen diese Kirche ganz besonders liebte und sie im 18. Jahrhundert in der feinen Gesellschaft als *fashionable* galt. 1691 schenkte Königin Mary der Gemeinde eine Orgel, die Renatus Harris (vgl. S. 120) 1685 für die Palastkapelle von Whitehall gebaut hatte. Henry Purcell und John Blow nahmen die Orgel nach dem Neuaufbau ab, und auch Händel dürfte während seiner Jahre in Burlington House manches Mal an ihrem Spieltisch gesessen haben. Nach mehreren Umbauten ist das ursprüngliche Werk bis auf wenige Pfeifen verlorengegangen, doch der wunderbare Prospekt mit Figuren des Bildhauers Grinling Gibbons hat die Zeiten unverändert überdauert. Glücklicherweise hatte man ihn zusammen mit anderen Teilen der Einrichtung in Sicherheit gebracht, bevor deutsche

Bomben am 14. Oktober 1940 die Kirche schwer beschädigten. 1954 wurde St. James (mit einer neuen Orgel im alten Gehäuse) wiedereröffnet und ist heute unter Musikfreunden als Veranstaltungsort von Barockkonzerten bekannt.

Durch den Hinterausgang der Kirche (falls geschlossen: auf dem kleinen Umweg durch Church Place) gelangen wir in die Jermyn Street mit ihren Traditionsgeschäften. In vielen Schaufenstern sind wappengeschmückte Tafeln zu sehen, mit denen die »Hoflieferanten seit...« dezent auf Tradition, Qualität und Preisniveau hinweisen. Zum Image dieser Unternehmen gehört auch die liebevolle Pflege der Fassaden und antiken Inneneinrichtungen. Das schönste Beispiel dafür ist die 1730 gegründete Parfümerie Floris (89 Jermyn Street) mit ihren Mahagoni-Vitrinen von 1851.

Nachdem wir an der Piccadilly Arcade vorbeigekommen sind, biegen wir links in die Bury Street ein und gehen bis zur Einmündung der Straße in die King Street. Unser nächster Besichtigungspunkt ist das Eckhaus auf der rechten Seite.

Chorkonzert in der St. James's Hall. Zeitungsillustration, 1858

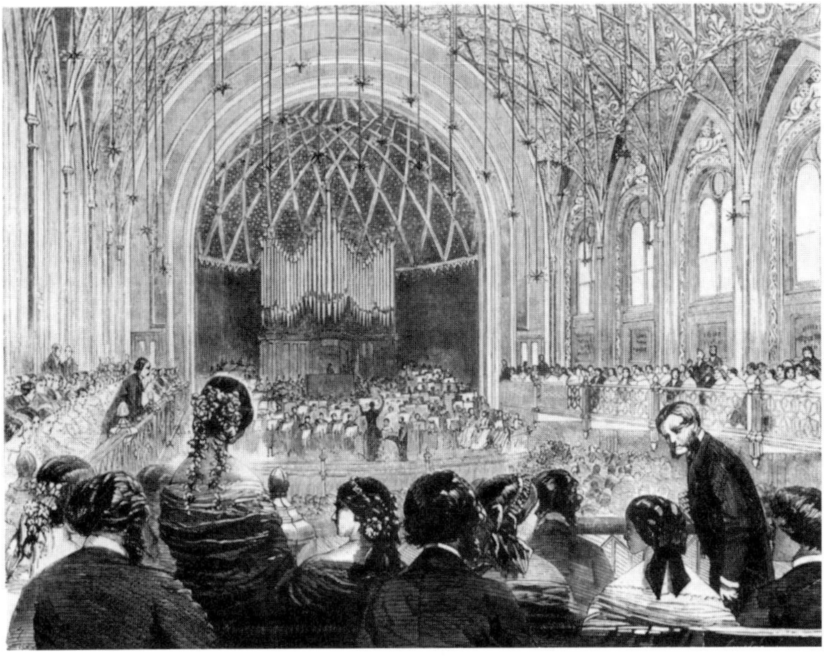

❽ Das ehemalige Wohnhaus von Joseph Haydn 1 Bury Street

Nach seinem Triumph in den Jahren 1791/92 traf Haydn am 4. Februar 1794 wieder in London ein, um erneut in Salomons Konzerten aufzutreten. Er bezog nicht sein voriges Quartier in No. 18 Great Pulteney Street, sondern eine Wohnung, die näher am St. James's Palace und Carlton House (an der Pall Mall) lag, wo er nun viele Male vor und mit der königlichen Familie musizierte. George III. und seine Gemahlin versuchten, Haydn dazu zu bewegen, für immer in England zu bleiben, und boten ihm sogar eine Sommerwohnung im Schloß Windsor an. Doch schon 1791 hatte Haydn an seine Wiener Bekannte Marianne von Genzinger geschrieben: »Ich hasse London nicht, aber alle meine Täge da zuzubringen wäre ich nicht im stande, wenn ich Millionen zu verdienen wüste, die ursachen davon werde ich Euer gnaden mündlich sagen. ich freue mich kindisch nach Hauß um meine gute Freunde zu umarmen...«

Bei seinem zweiten Aufenthalt fühlte er sich, trotz aller Erfolge, nach immerhin anderthalb Jahren in London wohl ähnlich einsam, und so nahm er im August 1795 die Bitte des jungen Fürsten Nikolaus Esterhazy, die Eisenstädter Hofkapelle zu reorganisieren, zum Anlaß, nach Wien zurückzukehren. Aus England brachte er eine entscheidende Anregung für sein Spätwerk mit nach Hause: Die Begegnung mit der Musik Händels gab den Anstoß für die Komposition von Haydns Oratorium *Die Schöpfung*, das nach der öffentlichen Wiener Uraufführung (1799) in kürzester Zeit in ganz Europa bekannt wurde.

Joseph Haydn. Bleistiftzeichnung von George Dance, 1794

Seit Haydns Zeiten ist das Eckhaus mehrmals umgebaut worden. Die angrenzenden Gebäude oder das Haus gegenüber der Straßeneinmündung vermitteln jedoch noch einen Eindruck vom ursprünglichen Charakter der Bury Street.

Auf der anderen Seite der King Street geht die Fußgängergasse Crown Passage mit Häusern und kleinen Läden aus dem 17. und 18. Jahrhundert ab. Man könnte hier den Weg zur Pall Mall abkürzen – wir gehen jedoch rechtsherum durch die King Street weiter zur St. James's Street, die im 17. und 18.

Jahrhundert für ihre Kaffee- und Schokoladehäuser berühmt war. »White's Coffee House«, »Ozinda's«, »Smyrna« oder »The Cocoa Tree«, Treffpunkte von Politikern und Literaten, sind längst verschwunden, doch ihre Nachfolger – die großen Clubs in ihren noblen klassizistischen Gebäuden – haben zum Teil bis heute überlebt.
Wir überqueren die St. James's Street und begeben uns in der hübschen Seitenstraße St. James's Place (dem Ausgang der King Street schräg rechts gegenüber) auf die Spuren von einem der populärsten englischen Komponisten. Seine Londoner Wohnung lag an der kleinen Sackgasse bzw. Hotelzufahrt, die von der linken Straßenseite abzweigt.

Edward Elgar

❾ Die ehemalige Stadtwohnung von Edward Elgar 37/38 St. James's Place (heute Duke's Hotel)

Dank der alljährlichen Übertragung der *Last Night of the Proms* kennt die ganze Welt Elgars Marsch No. 1 aus der Serie *Pomp and Circumstance* (1901) mit der inoffiziellen Nationalhymne *Land of Hope and Glory*. Sein großes, vielseitiges Œuvre hat dagegen – abgesehen von den *Enigma-Variationen* und dem Cellokonzert – auf dem Kontinent noch kaum Beachtung gefunden. Vielleicht liegt es daran, daß Elgar (1857–1934) ein zutiefst englischer, in der Welt des viktorianischen Empire verwurzelter Künstler war. Sein Lebensstil war der eines *Country Gentleman*: Bis auf wenige, vom Ersten Weltkrieg getrübte Jahre in London lebte und arbeitete er in seiner ländlichen Heimat Worcestershire. Wenn er sich in St. James's Place aufhielt, genoß er zwar die Stunden in Brooks' Club (60 St. James's Street), doch abends pflegte er zu Hause anzurufen, um durch das Telephon seinen Hund bellen zu hören.
Auch Frédéric Chopin war in St. James's Place zu Gast – beachten Sie die blaue Plakette am Haus No. 4. Wir kehren zur St. James's Street zurück und wenden uns nach rechts. Auf der anderen Straßenseite liegen zwei Traditionsgeschäfte vor uns, in denen der Gentleman sich immer noch standesgemäß versorgen kann: Bei James Lock & Co. (No. 6) werden seit 1764 Hüte allerbester Qualität hergestellt, während die 1680 gegründete Firma Berry Bros. & Rudd (seit 1730 in

St. James's Street mit Blick auf das Torhaus von St. James's Palace, um 1870

No. 3) sich auf Wein und edle Spirituosen spezialisiert hat.
Einen Blick in das alte London gewährt ein kleiner Abstecher durch den Gang links neben der Weinhandlung: In dem schönen Innenhof Pickering Place steht man in einer vollständig erhaltenen Wohnanlage von 1730/31.
Wieder auf die St. James's Street hinausgetreten, sehen wir schon das Backstein-Torhaus des alten Königspalastes vor uns. Äußerlich bescheiden, stellt er zumindest nominell noch immer ein politisches Zentrum dar – bis heute sind alle auswärtigen Diplomaten in London »accredited to the Court of St. James«.

⑩ St. James's Palace
Cleveland Row

Nachdem Heinrich VIII. 1532 das Gelände eines ehemaligen Klosters erworben hatte, ließ er eine kleine, wohnliche Residenz erbauen, die auch bei seinen Nachfolgern als Stadtquartier beliebt war, bis Königin Victoria 1837 offiziell nach Buckingham Palace übersiedelte. Seitdem beherbergt der Palast einige Ämter und dient nach wie vor als Privatwohnung für einige Mitglieder der Königsfamilie; er kann daher nicht besichtigt werden.
Nur wenige Meter rechts vom Torhaus mit seinen Wachsoldaten ist ein dreireihiges gotisches Fenster in die Fassade eingelassen. Dahinter liegt die Palastkapelle (von Oktober bis Karfreitag zu den Sonntagsgottesdiensten geöffnet), in der bei besonderen Gelegenheiten die Chapel Royal als Privatchor der Königin singt. Seine Mit-

Leopold Mozart musiziert mit seinen Kindern Wolfgang Amadeus und Maria Anna, genannt »Nannerl«. Aquarell von Louis Carrogis de Carmontelle, um 1764

glieder, sechs »Gentlemen« und zehn Sängerknaben, können sich auf eine siebenhundertjährige Tradition berufen. Ihre Blütezeit erlebte die Chapel Royal im 16. Jahrhundert, als sie mit bis zu fünfzig Mitgliedern einen der besten Chöre Europas bildete, für den berühmte Musiker wie Thomas Tallis und Orlando Gibbons ihre Werke schrieben. Um 1668 wurde Henry Purcell als Sängerknabe aufgenommen; später führte er eigene Kirchenmusik und Festoden für die Königsfamilie mit der Chapel Royal auf. Händel komponierte zahlreiche Psalmen (Anthems) und große Festmusiken wie das *Dettinger Te Deum* (1743) für Gottesdienste in der Palastkapelle. Die Sängerknaben wirkten auch bei vielen seiner Oratorienaufführungen mit.
Am 27. April und 19. Mai 1764 traten der achtjährige Wolfgang Amadeus Mozart und seine ältere Schwester Maria Anna (Nannerl) im Palast vor George III. und Königin Sophie Charlotte auf. »Der König hat ihm nicht nur Stücke vom Wagenseil, sondern vom Bach, Abel und Händel vorgelegt«, berichtete Vater Leopold, »alles hat er prima vista weggespielt... Endlich hat er die Violinstimme der Händelischen Arien (die von ungefehr da lagen) hergenommen, und hat über den glatten Bass die schönste Melodie gespiellet, so dass alles in das äusserste Erstaunen gerieth.« Leopold fand die Freundlichkeit, mit der die Majestäten ihm und seinen Kindern begegneten, »unbeschreiblich« und schrieb weiter über einen Spaziergang im St. James's Park: »Der König kam mit der Königin gefahren: und obwohl wir andere Kleider anhatten, so erkennten sie uns doch, grüsten uns nicht nur, sondern, der König öffnete das Fenster und neigte das Haupt heraus und grüste lachend mit Haupt und Händen im Vorbeyfahren uns, und besonders unsern Master Wolfgang.«
Wir gehen nach links am Torhaus vorbei und an der Vorderseite des Palastes entlang. An der ersten Querstraße rechter Hand, Marlborough Road, steht ein großes, hell gestrichenes Gebäude, das ursprünglich mit dem Palast verbunden war. Sein schlichtes Äußeres läßt kaum vermuten, daß es sich um eine Hofkirche handelt.

⓫ Queen's Chapel Marlborough Road

Auch diese Kapelle, 1623 von Inigo Jones für Königin Henrietta Maria erbaut und 1661 von Christopher Wren neu gestaltet, gehört zu den »Arbeitsstätten« der Chapel Royal. Ihr Innenraum ist seit dem 18. Jahrhundert kaum verändert worden. Hier führte Händel zur Hochzeit seiner Schülerin Prinzessin Anne mit Prinz Wilhelm von Oranien am 14. März 1734 seine große Psalmkomposition *This is the day* auf. Siebzig oder achtzig Musiker und Sänger saßen dabei auf einem Gerüst, das fast die gesamte Höhe des venezianischen Fensters an der Ostseite einnahm. Heute sind die Gottesdienste von Ostern bis Ende Juli auch für die Öffentlichkeit zugänglich.
Da die an den Palast grenzenden Straßen und Grundstücke aus Sicherheitsgründen für die Öffentlichkeit gesperrt sind, müssen wir nun auf der

Die Hochzeitsfeier von Prinzessin Anne und Wilhelm von Oranien in der Queen's Chapel. Stich nach einem Gemälde von William Kent, um 1735

Marlborough Road bis zum Querweg Horse Ride am Rand des St. James's Park gehen. Hier halten wir uns rechts und biegen nach etwa 200 Metern wieder nach rechts in den Parkweg Queen's Walk ein. So kommen wir nahe an der Westseite von Lancaster House vorbei, einem mächtigen Quader aus gelbem Sandstein.

⓬ Lancaster House Stable Yard

Gebaut als Stadtsitz für einen Bruder Georges IV., ging dieses Haus 1827 in den Besitz der Dukes of Sutherland über und wurde später so großartig ausgestattet, daß Queen Victoria bei einem ihrer Besuche zum Gastgeber sagte: »Ich bin von meinem Haus in Ihren Palast gekommen.« Am 15. Mai 1848 hörte sie hier, im Musiksaal im Obergeschoß (hinter dem Portikus), ein Konzert des bereits schwerkranken Frédéric Chopin (1810–1849). Es war seine letzte Reise, die ihn von April bis November 1848 durch England und Schottland führte. Trotz der herzlichen Aufnahme, die ihm überall zuteil wurde, und der großzügigen Unterstützung durch seine Schülerin Jane Stirling und ihren Bruder Lord Torphichen sehnte er sich, müde und verzweifelt, nach Paris zurück. Ein Benefizkonzert für polnische Flüchtlinge in der Londoner Guildhall am 16. November 1848 sollte Chopins letzter öffentlicher Auftritt sein; er starb elf Monate später in Paris.

Nachdem die Sutherlands das Haus 1912 aufgaben, ging es in den Besitz der Nation über. Heute finden in seinen prunkvollen, leider nicht zugänglichen Räumlichkeiten Staatsempfänge und internationale Konferenzen statt.

Frédéric Chopin. Fotografie, 1849

Wenn wir Lancaster House jetzt den Rücken zudrehen, schauen wir auf jene Stelle im Green Park, wo im April 1749 ein großer Feuerwerks-Aufbau errichtet wurde.

⓭ Der Aufführungsort von Händels Feuerwerks-Musik im Green Park

Zur Feier des Friedens von Aachen (Ende des Österreichischen Erbfolgekrieges) ordnete König George II. ein prachtvolles Feuerwerk an und erteilte Händel den Auftrag, möglichst laute Musik als Begleitung dafür zu schreiben. Bei der öffentlichen Generalprobe von Händels Suite *Music for the Royal Fireworks* (mit 24 Oboen, 12 Fagotten, 9 Trompeten, 9 Hörnern, 3 Paar Pauken und Streichorchester) in Vauxhall Gardens blockierten 12000 Zuhörer drei Stunden lang den Straßenverkehr. Der Feuerwerksbau im Green Park geriet zwar, zum Gaudium der Londoner, schon vor dem Friedensfest am 27. April teilweise in Brand, doch Händel dirigierte wie geplant seine Musik und errang damit einen seiner größten Erfolge.

Vom Queen's Walk zweigt vor uns eine ebenfalls gesperrte Durchfahrt nach rechts zum Palast ab. An ihrer linken Seite steht Warwick House, ein verhältnismäßig schmaler Bau mit hoher Giebelwand, der eher französisch als englisch anmutet.

⓮ Warwick House
Stable Yard

Zu Beginn unseres Jahrhunderts unterhielt die amerikanische Millionärin Mary Dodge in diesem Haus ihre Londoner Wohnung. Zu ihrem Freundeskreis gehörte die Komponistin Ethel Smyth (1858–1944). Wenn diese von ihrem Haus auf dem Lande (zunächst in Frimley, dann im benachbarten Woking, Surrey) nach London fuhr, fand sie bei Mrs. Dodge ein Stadtquartier und vielfältige Hilfe, so auch bei der Finanzierung der Londo-

Aufbau für das Feuerwerk im April 1749 im Green Park. Zeitgenössischer Stich (Ausschnitt)

ner Erstaufführung ihrer Oper *The Wreckers* (1909). Dieses Werk – ihr Hauptwerk – war 1906 als *Strandrecht* in Leipzig uraufgeführt worden, wo Ethel Smyth bei Herzogenberg studiert und bei Brahms, Clara Schumann und Joseph Joachim Anerkennung gefunden hatte. Nach England zurückgekehrt, engagierte sie sich mit großer Energie in der Frauenrechtsbewegung; musikalischen Niederschlag fand ihr Einsatz (der sie auch ins Gefängnis brachte) in einem *March of the Women*, dem »Kampflied« der Suffragetten.

Auf dem Parkweg geht es noch an Warwick House und seinen Nachbarn vorbei, dann durch einen kleinen Fußgängerdurchgang nach rechts über die Cleveland Row zurück zur Vorderseite des St. James's Palace. Wir passieren noch einmal das Torhaus und setzen unseren Weg geradeaus auf der vielbefahrenen Straße Pall Mall fort, die 1661 als Bahn für das golfähnliche Spiel pail-mail *angelegt wurde. An ihrer rechten Seite finden wir ein auffälliges Backsteingebäude mit vorspringenden Eckräumen.*

⓯ Schomberg House
80–82 Pall Mall

1698 ließ sich der aus den Niederlanden stammende Herzog von Schomberg das einzige Stadthaus Londons im holländischen Barockstil bauen. Zu seinen späteren Bewohnern zählten der Maler Thomas Gainsborough und der schottische Arzt James Graham, der hier 1771 einen »Tempel der gesunden Ehe« eröffnete und vom

Ethel Smyth mit ihrem Hund Marco. Fotografie, 1891

»himmlischen Thron« aus einschlägige Vorträge hielt. Für das Vermögen von £ 50 pro Nacht bot er den Genuß einer Art Musik- und Farbentherapie im »großen himmlischen Bett« – mit garantiert perfekten Babys als Ergebnis.

Schräg gegenüber von Schomberg House zweigt die Einfahrtsstraße zum St. James's Square ab. Er ist seit über 300 Jahren das Herzstück des Viertels St. James's.

16 St. James's Square

Trotz Um- und Neubauten weht noch immer ein Hauch alter Vornehmheit über den um 1670 angelegten, ältesten Platz des Londoner Westends. Von der ersten Bebauung ist nichts stehengeblieben, doch die Häuser No. 4 (um 1725), No. 10 (1736, mit tütenartigen *snuffers* zum Löschen der Fackeln vor dem Eingang) und Robert Adams schöne Fassade für No. 20 (1771–75; No. 21 ist passend ergänzt worden) vermitteln noch einen Eindruck von der Glanzzeit des St. James's-Viertels. Ein weiteres Überbleibsel, den weißgoldenen barocken Musiksaal aus dem 1938 abgebrochenen Norfolk House, kann man im Victoria & Albert Museum bewundern (s. S. 136f.). An der Einmündung der King Street stand bis 1957 eines der schönsten alten Londoner Theater, das 1835 eröffnete St. James's Theatre. Hier wurden Oscar Wildes Schauspiele *Lady Windermere's Fan* und *The Importance of Being Earnest* uraufgeführt; später folgten die Bühnenfassung von Agatha Christies *Ten Little Niggers* und, unter der Direktion von Laurence Olivier und Vivien Leigh, bedeutende Inszenierungen der fünfziger Jahre. Als die Pläne zum Abriß des Hauses bekannt wurden, protestierte die gesamte englische Theaterwelt – vergebens. *Wir verlassen den Platz auf der Charles II. Street, die uns den »anmutigsten aller Londoner Stadtdurchblicke« (David Piper) auf das Theatre Royal Haymarket mit seinem schönen Portikus beschert. Es ist der erste Besich-*

St. James's Square. Stich von S. Nicholls, 1754

Vivien Leigh und Laurence Olivier in dem Schauspiel »The Sleeping Prince«, 1953

tigungspunkt des zweiten Spaziergangs – wer möchte, kann sich hier also ohne Umwege auf die Route in Richtung Westminster Abbey begeben.

Die nächstgelegene U-Bahn-Station erreichen Sie, indem Sie nach links in die Regent Street einbiegen und zum Verkehrsknotenpunkt Piccadilly Circus gehen.

Westminster Abbey

Zweiter Spaziergang Vom Haymarket nach Westminster – Noch einmal Händel

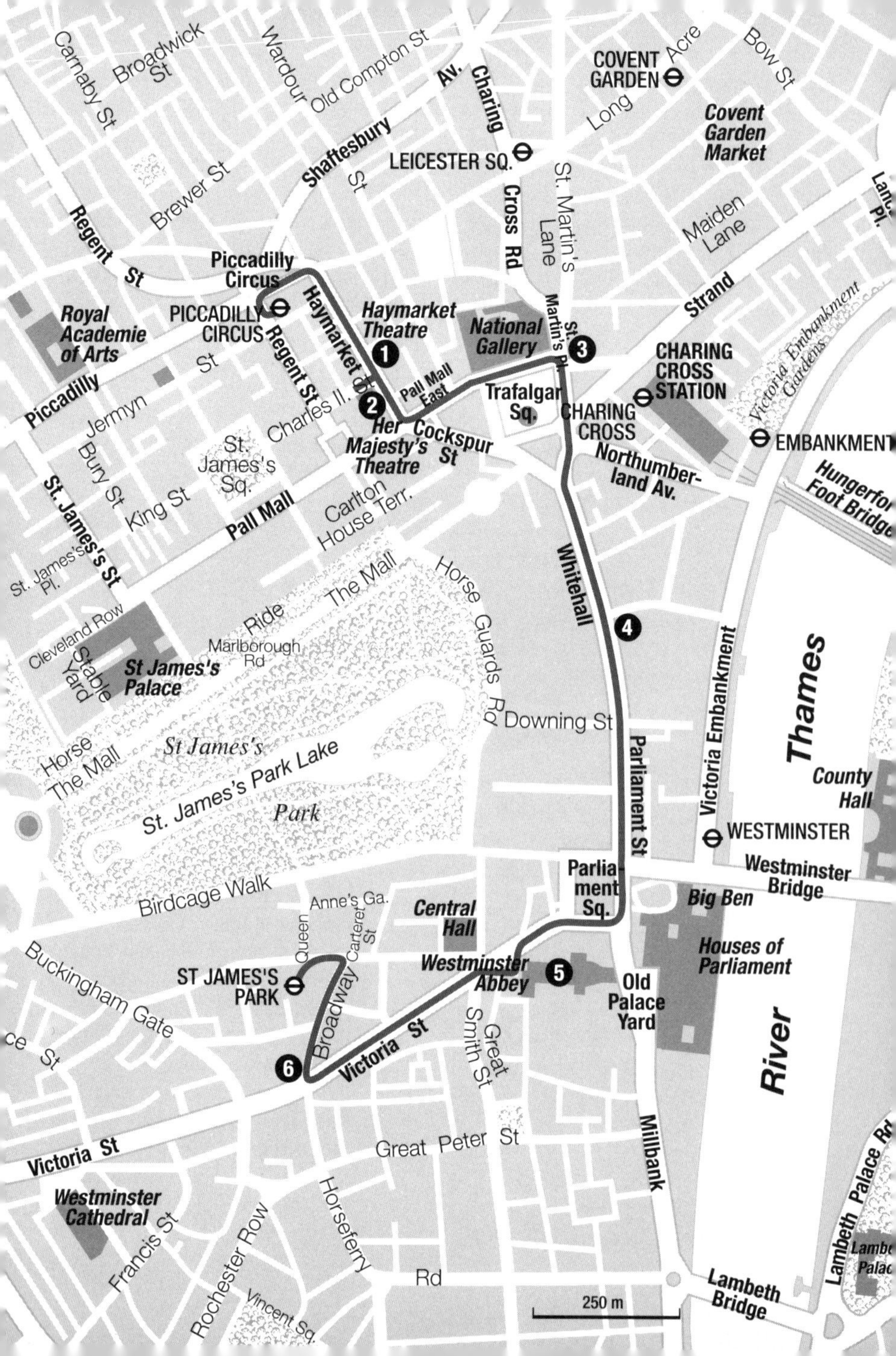

Carnaby St
Broadwick St
Wardour
Old Compton St
Charing Cross Rd
COVENT GARDEN
Long Acre
Bow St
Covent Garden Market
Shaftesbury Av.
St
LEICESTER SQ.
Brewer St
Regent St
St. Martin's Lane
Maiden Lane
Piccadilly Circus
PICCADILLY CIRCUS
Haymarket
Haymarket Theatre
National Gallery
St. Martin's Pl.
Strand
Victoria Embankment Gardens
Royal Academie of Arts
Piccadilly
Jermyn St
Regent St
Pall Mall East
Trafalgar Sq.
CHARING CROSS STATION
CHARING CROSS
EMBANKMENT
Charles II. St
Her Majesty's Theatre
Cockspur St
Bury St
St. James's Sq.
Northumberland Av.
Hungerford Foot Bridge
King St
Pall Mall
Carlton House Terr.
St. James's St
St. James's Pl.
The Mall
Horse Guards Rd
Whitehall
Cleveland Row
Ride
Marlborough Rd
Stable Yard
St James's Palace
Downing St
Horse
The Mall
St James's Park
St. James's Park Lake
Parliament St
Victoria Embankment
Thames
County Hall
WESTMINSTER
Parliament Sq.
Westminster Bridge
Birdcage Walk
Anne's Ga.
Queen
Carteret St
Central Hall
Big Ben
Houses of Parliament
Buckingham Gate
ST JAMES'S PARK
Westminster Abbey
Old Palace Yard
Broadway
Great Smith St
River
Victoria St
Great Peter St
Millbank
Victoria St
Westminster Cathedral
Horseferry Rd
Francis St
Rochester Row
Vincent Sq.
Lambeth Palace Rd
Lambeth Bridge
250 m
1
2
3
4
5
6

Lassen Sie sich nicht von der geringeren Zahl der Besichtigungspunkte auf dem zweiten Teil der Händel-Route täuschen: Unsere Stationen sind um so geschichtsträchtiger und gehören zum Teil zu den Hauptsehenswürdigkeiten von London – allein für Westminster Abbey sollten Sie mindestens anderthalb Stunden einplanen, so daß dieser Spaziergang einen halben Tag in Anspruch nimmt.

Ausgangspunkt ist der Haymarket, eine Straße, auf der es bis ins 19. Jahrhundert nicht nur einen täglichen Heu- und Strohmarkt, sondern auch zahlreiche Gasthäuser und Vergnügungsstätten gab. Streu und Futter wurden von hier aus fuderweise in die benachbarten King's Mews (Königliche Pferdeställe und Wagenremisen) gekarrt. Diese standen bis 1830 auf dem Gelände des heutigen Trafalgar Square, und erst nach ihrem Abriß konnte die großzügige Platzanlage mit der National Gallery und dem Nelson-Denkmal entstehen. Auch die Regierungsgebäude an der breiten Durchgangsstraße Whitehall stammen überwiegend aus dem 19. und 20. Jahrhundert. Wer dagegen um 1700 zwischen St. James's Park und dem Themse-Ufer nach Westminster Abbey weiterging, kam an den Überresten des 1698 abgebrannten Whitehall-Palastes und den heute noch vorhandenen Gebäuden der Horse Guard vorbei in eine fast ländlich anmutende Gegend: Mittelalterliche Straßen mit kleinen Häusern und zahlreichen Gärten umgaben die Kirche; westlich des Broadway und südlich der Horseferry Road (heute die Zufahrt zur Lambeth Bridge) erstreckten sich Gemüseäcker und Weideland. Auf der anderen Seite der Themse überragte Lambeth Palace, die Residenz des Erzbischofs von Canterbury, die ersten im Ufergebiet angelegten Wohnstraßen, dahinter lagen, bis nach Southwark hin, riesige Viehweiden. Da die Gilde der Fährleute sich lange erfolgreich gegen einen Brückenbau wehrte, konnte man nur auf Booten hinübergelangen. Erst 1750 wurde die Westminster Bridge eröffnet. In der Nähe von Westminster Abbey lebte Henry Purcell (1659–1695), Händels genialer, früh verstorbener Vorgänger. Anläßlich seines 300. Todestages wurde ihm ein Denkmal gesetzt, das den Schlußpunkt dieses Spaziergangs bildet.

Unser Weg geht vom Piccadilly Circus (U-Bahn-Station) aus. Am Ostrand des Platzes beginnt der Haymarket, auf dessen linker Seite ein nobler Portikus das erste Ziel markiert.

❶ Theatre Royal Haymarket

Um das 1720 eröffnete Theater vom schräg gegenüber liegenden damaligen King's Theatre zu unterscheiden, wurde es zunächst »Little Theatre in the Haymarket« genannt. Zu den bemerkenswertesten Ereignissen seiner frühen Geschichte gehörte ein Konzert der beiden Wunderkinder Wolfgang und Nannerl Mozart am 21. Februar 1765; ansonsten galt es bis zum Erwerb einer königlichen Theaterlizenz (1766) als zweitrangiges Haus. Seine heutige Gestalt verdankt es John Nash, der 1820/21 einen Neubau errichtete; die goldglänzende Ausstattung des Auditoriums (880 Plätze) stammt von 1904. Seit dem 19. Jahrhundert ist das inzwischen denkmalgeschützte Theater als »klassische« Londoner Schauspiel- und Komödienbühne bei Zuschauern und Akteuren gleichermaßen beliebt. Wenn Sie die Vorhalle betreten, werden Sie sicherlich dem Schauspieler Anthony Hopkins zustimmen, der dieses Haus einen »Inbegriff von Eleganz und Kultiviertheit« nannte!

Schräg gegenüber, an der Einmündung der Charles II Street, liegt das ältere der beiden Haymarket-Theater. Seine äußere Erscheinung erinnert allerdings eher an ein Bürohaus der Jahrhundertwende.

❷ Her Majesty's Theatre Haymarket

Da dieses Theater seinen Namen nach dem amtierenden Staatsoberhaupt richtet, hat es seine fast dreihundertjährige Geschichte unter verschiedenen Bezeichnungen durchlebt: Queen's Theatre (1705–1714), King's Theatre (1714–1837), Her Majesty's (1837–1902), His Majesty's (1902–1952) und seitdem, bis zum nächsten Thronwechsel, wieder Her Majesty's Theatre.

Obwohl John Vanbrughs erster Bau (1704/05) wegen seiner schlechten Akustik verrufen war, entwickelte sich das Theater zum führenden Opernhaus, bis es 1732 in Covent Garden

Her Majesty's Theatre, 1783. Radierung von Charles John Smith nach einem Aquarell von William Capon

Konkurrenz erhielt. Händel war dem Haus von der glanzvollen Premiere seiner Oper *Rinaldo* (1711) an vier Jahrzehnte lang eng verbunden; weitere achtundzwanzig seiner Opern, darunter *Amadigi* und *Giulio Cesare*, kamen hier ebenso wie die Oratorien *Saul*, *Israel in Egypt* und *Belshazzar* zur Uraufführung. Von 1720 bis 1728 leitete Händel im King's Theatre die Royal Academy, eine vom Königshaus und dem Hochadel unterstützte Operntruppe mit den besten italienischen Primadonnen und Kastratensängern. Ihr Star, Francesca Cuzzoni, ging 1727 während einer Vorstellung auf die Rivalin Faustina Hasse-Bordoni los und sorgte damit für einen der frühesten und berühmtesten Opernskandale. Beide Sängerinnen besaßen eingeschworene und gründlich verfeindete Anhänger-Parteien – die Damen der Gesellschaft schwärmten allerdings mehr für den arroganten Kastraten Senesino, der später mit seiner »Opera of the Nobility« Händels Opernunternehmen auszustechen versuchte.

Das Titelblatt einer zeitgenössischen englischen Ausgabe von Händels Oper »Giulio Cesare«

Im Winter 1745/46 kam Christoph Willibald Gluck nach England und produzierte im Januar 1746 im King's Theatre seine rasch gefertigte Oper *La caduta de' giganti* (Der Gigantensturz). Dem Werk war, ebenso wie Glucks zweiter Londoner Oper *Artamene*, kein großer Erfolg beschieden. Wenn die London-Reise auch nicht Glucks künstlerische Hoffnungen erfüllte, so ging für ihn doch ein langgehegter persönlicher Wunsch in Erfüllung, denn er lernte den von ihm sehr verehrten Händel kennen und konnte am 25. März 1746 mit ihm zusammen ein Konzert geben. Charles Burney vertrat später die Ansicht, erst die Begegnung mit dem englischen Publikum und seiner Begeisterung für schlichte, ungekünstelte Melodien habe Gluck zur Entwicklung seines eigenen, revolutionären Stils geführt.

Nachdem der erste Bau 1789 niedergebrannt war, errichtete Michael Novosielski 1790/91 an seiner Stelle das seinerzeit größte Theater von England, in dem Haydn 1795 seine letzten drei Sinfonien dirigierte und Jenny

Die Demaskierung – Szene aus dem Musical »The Phantom of the Opera« von Andrew Lloyd Webber

Lind 1847 ihr England-Debüt gab. Im dritten Haus, 1869 erbaut und schon 1890 wieder abgerissen, wurde 1882 Wagners *Ring* zum erstenmal in England vollständig gegeben. 1897 entstand nach Plänen von C. J. Phipps das jetzige Gebäude (1260 Plätze). Mit der Premiere von Andrew Lloyd Webbers *The Phantom of the Opera* begann hier 1986 eine der größten Erfolgsgeschichten des modernen Musiktheaters.

Unter den vielen Armen, die in Händels Tagen auf dem Haymarket ihr Auskommen suchten, waren auch die zerlumpten Kinder eines bekannten, früh verstorbenen Londoner Oboisten namens Kytch. Ihr Elend regte einige Komponisten des King's Theatre, darunter Arne, Boyce und Händel, zur Gründung einer Stiftung zum Unterhalt bedürftiger Musiker an. Sie existiert noch heute als Royal Society of Musicians.

Am unteren Ende des Haymarket angelangt, biegen wir nach links in Pall Mall East ein und stehen bald am Trafalgar Square, einem Knotenpunkt der Touristenströme und Buslinien. Zu unserer Linken erstrecken sich Neu- und Altbau der National Gallery. Diese Schatzkammer abendländischer Malerei im Rahmen eines Spaziergangs zu besuchen, ist unmöglich – für einen Rundgang sollte man sich mindestens drei bis vier Stunden Zeit nehmen. Dasselbe gilt für die benachbarte National Portrait Gallery (Eingang in St. Martin's Place an der Ostseite der National Gallery), wo nicht nur das berühmte Hudson-Porträt von Georg Friedrich Händel (1756) hängt, sondern auch die Bilder unzähliger berühmter Persönlichkeiten aus der englischen Musik- und Theaterwelt von der Shakespeare-Zeit bis zur Gegenwart zu finden sind. Gehen wir jetzt also an den Museumseingängen vorbei auf die Kirche zu, deren Vorhalle sich an der Ostseite des Platzes in den Verkehrsstrom schiebt.

❸ St. Martin-in-the-Fields St. Martin's Lane/ Trafalgar Square

Für Musikfreunde ist der Name dieses Gotteshauses, der an das Ackerland und den »Konventgarten« von Westminster Abbey erinnert, untrennbar mit dem 1959 von Neville Marriner gegründeten Kammerorchester der Academy of St. Martin-in-the-Fields verbunden. Was als Streicherensemble für die wöchentlichen Mittagskonzerte begann, ist heute eine weltbekannte Vereinigung von professionellen Orchestermusikern, die etwa drei Monate im Jahr zusammen proben und auf Tournee gehen.

Im Inneren der 1722–1726 von James Gibbs erbauten Kirche erinnert nicht mehr viel an die Entstehungszeit. Besonders bedauerlich ist der Verlust der Orgel von Christopher Schrider (s. S. 122). Sie war ein Geschenk König Georges I. an die Gemeinde und besaß – damals in England noch eine Besonderheit – ein Pedal. Händel besuchte oft den Gottesdienst in St. Martin, um den Organisten Joseph Kelway (geb. um 1700) improvisieren zu hören. Dieser Tastenvirtuose war offenbar ein genialer Außenseiter im damaligen Londoner Musikleben: Burney befand, sein Spiel auf Orgel oder Cembalo sei »von meisterhafter Wildheit..., kühn, rasend schnell und phantastisch« gewesen, und auch Kelways wenige erhaltene Kompositionen bestätigen seine Originalität. Doch obwohl Königin Charlotte ihn 1761 als Musiklehrer engagierte, blieb ihm die öffentliche Anerkennung versagt. Er war schon vergessen, bevor er, angeblich geisteskrank, um 1780 an einem unbekannten Ort verstarb. 1990 erhielt die Kirche mit der neuen Orgel von J. W. Walker & Sons ein hervorragendes Instrument, das zu den Spitzenwerken des modernen englischen Orgelbaus zählt.

Sir Neville Marriner, Gründer der Academy of St. Martin-in-the-Fields

Von der Kirche aus geht es an der Ostseite des Trafalgar Square vorbei an den großen Brunnenbecken und zu Füßen der Nelson-Säule in die Straße Whitehall, die »Schlagader« des Londoner Regierungsviertels. Zwischen der Straße und dem Themse-Ufer, wo heute – gegenüber der vielphotographierten berittenen Wache der Horse Guards – die klotzigen Bauten des Verteidigungsministeriums stehen, erstreckte sich früher der ausgedehnte Whitehall-Palast. Beim Wäschetrocknen am offenen Feuer entstand am 10. April 1698 ein Großbrand, der die königliche Residenz bis auf geringe Reste vernichtete. Zum Glück überlebte das schönste Gebäude.

❹ Banqueting House Whitehall

Inigo Jones' Meisterwerk entstand zwischen 1619 und 1622 als Festsaal für höfische Schauspiele mit Musik und Tanz (die sogenannten Masques), Bankette und prunkvolle Empfänge ausländischer Gesandtschaften. Die Aufführungen, für die Jones eine Bühne an einem Ende des Saals errichtet hatte, wurden jedoch bald in ein anderes Gebäude verlegt, um Peter Paul Rubens' Deckengemälde (»Der Triumph des Hauses Stuart«, 1635 eingebaut) nicht durch Lampenrauch zu beschädigen. Nach der Zerstörung der Palastkapelle von Whitehall ließ Kö-

**Whitehall von der Themse aus.
In der Mitte das Banqueting House**

nig William III. das Banqueting House zur Chapel Royal erklären und durch Christopher Wren entsprechend umbauen. In diesem Zustand, mit einer Orgel von Father Smith ausgestattet, diente der Saal Händel als Probenraum für die großen Festmusiken in Westminster Abbey. Erst im 19. Jahrhundert entfernte man die Einbauten wieder. Die Orgel fand in der Kirche St. Peter ad Vincula im Tower eine neue Heimat.

Im Weitergehen sehen wir auf der rechten Seite von Whitehall den gut gesicherten Eingang zur Downing Street mit dem offiziellen Wohnsitz des Premierministers (No. 10). An den gewaltigen Blöcken des Außenministeriums vorbei kommen wir zum Parliament Square: Vor uns liegen die Houses of Parliament und Westminster Abbey, die »französischste aller englischen Kathedralen« (Nikolaus Pevsner). Wir biegen am Parliament Square nach rechts ab und betreten die Krönungskirche der englischen Monarchen durch den Haupteingang in der Turmfassade.

❺ Westminster Abbey

Die wenigsten Touristen kommen hierher, um die Eleganz der Gewölbe und die Feinheiten der englischen Hochgotik zu bewundern. Westminster Abbey ist ja vor allem eine Art britisches Pantheon: Hier ruhen die großen Toten der Nation, deren Grabmonumente und Gedenksteine in einem verwirrenden Stilgemisch seit Jahrhunderten neben- und übereinander gebaut worden sind, wie es gerade paßte. Sehr schlicht ist dagegen das im Eingangsbereich in den Fußboden eingelassene Grabmal des Unbekannten Soldaten.

Um die Denkmäler der musikalischen Prominenz zu finden, brauchen wir uns nur an der zweiteiligen Orgel (1831, Prospekt von J. L. Pearson, 1899) zu orientieren. Der Durchgang zu den königlichen Kapellen an ihrer Nordseite ist jener Teil der Kathedrale, der der englischen Musik gewidmet ist. Nicht alle, an die hier erinnert wird, liegen tatsächlich in Westminster Abbey begraben.

Unter der seitlichen Orgelfront sind Steinplatten mit den Namen großer Komponisten aus dem 19. und 20. Jahrhundert eingelassen: Edward Elgar (1857–1934), Ralph Vaughan Williams (1872–1958), Herbert Howells (1892–1983), Charles Villiers Stanford (1852–1924), William Sterndale Bennett (1816–1875) und Benjamin Britten (1913–1976). Wenn wir weitergehen, sehen wir rechter Hand an einer Säule eine Gedenktafel für Henry Purcell (1659–1695), den bedeutendsten Organisten und Chorleiter der Kathedrale (s. S. 47). Seine Grabplatte liegt annähernd darunter; neben ihm ruht der Opern- und Oratorienkomponist Samuel Arnold (1740–1802). An der Außenwand, der Purcell-Tafel gegenüber, befindet sich eine Gedenktafel für den Kirchenmusiker William Croft (1678–1727; Grabplatte im Fußboden) mit einer Porträtbüste und einer schönen Darstellung der 1940 zerstörten Harris-Orgel von 1696 aus der Kirche St. Bride, Fleet Street (s. S. 110f.). Es folgen zwei weitere Bodenplatten für William Walton (1902–1983) und den Dirigenten Adrian Boult (1889–1983) und an der Chorwand eine Gedenktafel für Samuel Arnold über der Büste von Orlando Gibbons (1583–1625), der als Organist ebenfalls zum musikalischen Ruhm von Westminster Abbey beitrug. Gegenüber erinnert ein sehr eitler Text an den Musikgelehrten Charles Burney (1726–1814); darüber hängt eine Tafel für Purcells Lehrer John Blow (1649–1708) mit den Noten seines vierstimmigen Kanons *Glory be to the Father.* Am Ausgang der Musikersektion finden wir schließlich noch an der Chorwand ein Porträtrelief des seinerzeit in ganz Europa bekannten Opernkomponisten Michael William Balfe (1808–1870). Nachdem wir dem Rundweg durch die königlichen Kapellen gefolgt sind, liegt das Querschiff vor uns, dessen südlicher Teil – »Poets' Corner« – die meisten Besucher anzieht. An seiner Westwand hat Roubiliacs Händel-Denkmal (1762) seinen Platz gefunden; das Grab ist durch eine Platte im Fußboden bezeichnet. Der Komponist selbst hatte in seinem Testament die Hoffnung geäußert, in Westminster Abbey bestattet zu werden, und £ 600 zur Errichtung eines Grabmals hinterlassen. Das war zwar sehr ungewöhnlich, denn normalerweise erteilte das Kapitel diese Ehre erst posthum, wurde aber nach Händels Wünschen ausgeführt. Nicht erfüllt wurde dagegen seine Bitte um eine schlichte, private Trauerfeier – an seinem Begräbnis nahmen über 3000 Besucher teil. Fünfundzwanzig Jahre später fand in

Die Krönung von James II. in Westminster Abbey, 1685.
Musiker und Chorsänger stehen auf eigens errichteten Tribünen.
Zeitgenössischer Stich

Das Denkmal für Georg Friedrich Händel in der »Poets' Corner« in Westminster Abbey.

Westminster Abbey die erste einer Serie von Händel-Gedächtnisfeiern statt, bei denen jeweils Hunderte von Sängern und Musikern mitwirkten.

Unterhalb des Denkmals wurde ein Medaillon zur Erinnerung an die Sängerin Jenny Lind (1820–1887) angebracht; ihre letzte Ruhe fand sie in Malvern (Worcestershire). Etwas weiter rechts hat der Schauspieler David Garrick (1717–1779) seinen letzten Auftritt: Sein Grabdenkmal (von Henry Webber) zeigt ihn, wie er mit schwungvoller Gebärde den Theatervorhang teilt, um noch einmal vor sein Publikum zu treten.

Im Kreuzgang (Great Cloister) liegen die Gräber des Klaviersonaten-Komponisten Muzio Clementi (1752–1832) und des Impresarios Johann Peter Salomon (1745–1815). Joseph Haydn kam auf seine Einladung hin nach London und war oft in Salomons Haus (18 Great Pulteney Street, nördlich von Piccadilly Circus) zu Gast.

Wer Westminster Abbey einmal nicht als Sehenswürdigkeit, sondern als Kirche mit lebendiger, neunhundertjähriger Musiktradition erleben möchte, sollte nachmittags am Choral Evensong (Vespergottesdienst, ausgestaltet vom Chor der Abtei oder einem Gastchor) teilnehmen. Über die Termine informiert der Veranstaltungsplan.

Vom Kreuzgang aus wird der Besucherstrom über den schönen abgeschlossenen Dean's Yard (an dem auch die Chorschule von Westminster Abbey liegt) wieder zum Platz vor der Turmfassade geleitet. Wir folgen jetzt der Hauptstraße Victoria Street nach links bis zur Einmündung des Broadway. In einer kleinen, etwas verloren wirkenden Grünanlage zwischen modernen Bürohäusern finden wir auf der linken Seite des Broadway, wenige Schritte von der Kreuzung entfernt, ein Denkmal für das größte Genie der englischen Barockmusik.

❻ Purcell-Denkmal
Broadway

Der 300. Todestag Henry Purcells (1659–1695) gab den Anlaß, das Jahr 1995 als »Jahr der britischen Musik« zu feiern und dem großen Komponisten – endlich – ein Denkmal zu setzen (Entwurf von Glynn Williams). Eigentlich müßte es vor Westminster Abbey stehen, denn diese Kirche war neben dem Königshof ein Zentrum seines Lebens. In ihrer Nähe (wahrscheinlich in der Tothill Street) kam er zur Welt, wohnte später nie weiter als 300 Meter von ihr entfernt und fand hier seine ersten Anstellungen als Orgelstimmer und Organist (1679). 1682 auch zum Hoforganisten ernannt, schrieb er geistliche und weltliche Werke für die Chapel Royal, daneben Schauspielmusik und Opern (*Dido and Aeneas*, 1689, *The Fairy Queen*, 1692), Kammermusik (*Chaconne* in g-moll) und Hunderte von Liedern, die zum Schönsten gehören, was jemals in englischer Sprache komponiert wurde.

Purcell besaß, wie sein Zeitgenosse Henry Playford es einfühlsam und zutreffend ausdrückte, »eine ganz besondere Begabung, die Energie der englischen Wörter auszudrücken«. Sprachrhythmus, expressive, nie zuvor gehörte Melodik und Harmonik und ein sicheres Gefühl für musikalische Dramatik gingen in seinen Werken eine einzigartige Verbindung ein – das bewunderte auch Händel, der seinen Aufstieg in England unter anderem der Tatsache verdankte, daß nach Purcells tragisch frühem Tod im Alter von 36 Jahren kein englischer Komponist dessen Erbe antreten konnte.

Henry Purcell starb in der Nacht zum Cäcilientag 1695. Als er am 26. November in Westminster Abbey zu Grabe getragen wurde, erklang noch einmal seine erst wenige Monate zuvor für Königin Mary geschriebene Trauermusik: Chor- und Instrumentalsätze von solch ergreifender Ausdruckskraft, daß sich auch heute kein Zuhörer ihrer Wirkung entziehen kann.

Am anderen Ende des Broadway liegt die U-Bahn-Station St. James's Park.

Henry Purcell.
Anonymes Ölgemälde, um 1680

Wer noch einen kleinen Ausflug ins frühe 18. Jahrhundert machen möchte, geht durch die Fortsetzung des Broadway, Carteret Street, weiter zu der ruhigen kleinen Straße Queen Anne's Gate. Auf ihrer linken Seite steht – inzwischen einzigartig in London – eine gepflegte Häuserreihe von 1704 mit kuriosen Türbaldachinen. Von Queen Anne's Gate aus führt ein Durchgang zum St. James's Park, wo König Charles II., einer von Purcells Dienstherren, gerne seine Hunde ausführte und die Wasservögel fütterte. Im Gegensatz zu den kontinentalen Monarchen, die ihre Parks mit hohen Zäunen gegen die Öffentlichkeit abgrenzten, ließ er den St. James's Park für alle Londoner öffnen, so daß jeder zuschauen konnte, wenn der König zum Schwimmen im See ging. Einige Parkbäume stammen noch aus dieser Zeit.

Premiere des ersten Films der Beatles, Piccadilly Circus, 1964

Dritter Spaziergang
Soho – Swinging London & Roaring Sixties

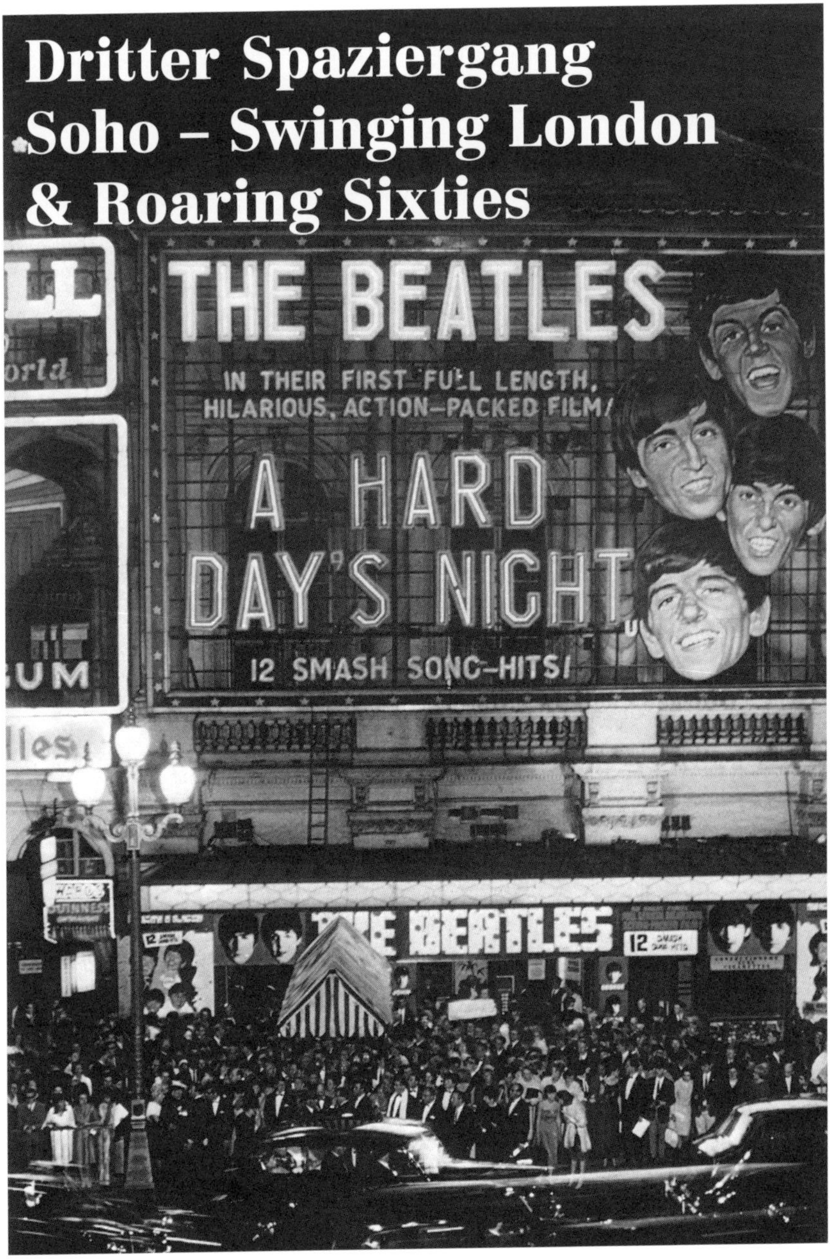

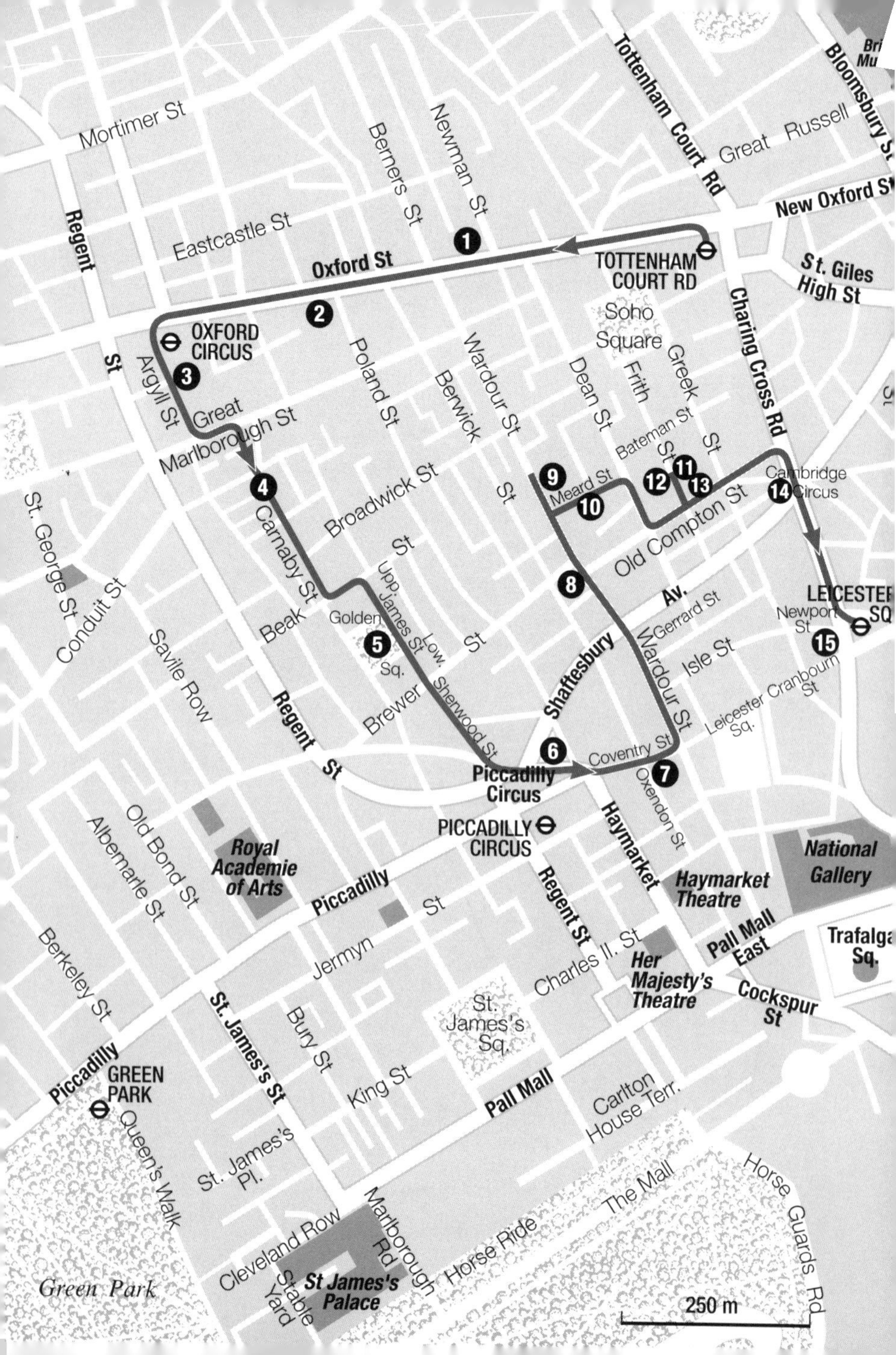

Mortimer St
Berners St
Newman St
Tottenham Court Rd
Great Russell
Bloomsbury St
New Oxford St
Regent St
Eastcastle St
Oxford St
TOTTENHAM COURT RD
St. Giles High St
Soho Square
OXFORD CIRCUS
Argyll St
Great Marlborough St
Poland St
Wardour St
Berwick St
Dean St
Frith St
Greek St
Charing Cross Rd
Bateman St
Meard St
Cambridge Circus
Carnaby St
Broadwick St
Old Compton St
St. George St
Conduit St
Beak St
Golden Sq.
Upp. James St
Low. James St
Brewer St
Sherwood St
Savile Row
Shaftesbury Av.
Gerrard St
Wardour St
Isle St
Newport St
LEICESTER SQ
Leicester Cranbourn St
Leicester Sq.
Coventry St
Piccadilly Circus
Oxendon St
PICCADILLY CIRCUS
Haymarket
Old Bond St
Albemarle St
Royal Academie of Arts
Haymarket Theatre
National Gallery
Piccadilly
Jermyn St
Regent St
Pall Mall East
Trafalgar Sq.
Berkeley St
Charles II. St
Her Majesty's Theatre
Cockspur St
St. James's St
Bury St
St. James's Sq.
Piccadilly
GREEN PARK
King St
Pall Mall
Carlton House Terr.
Queen's Walk
St. James's Pl.
The Mall
Horse Guards Rd
Cleveland Row
Marlborough Rd
Horse Ride
Green Park
Stable Yard
St James's Palace
250 m

Der Jagdruf »So-ho!« soll dem Viertel zwischen Oxford Street, Regent Street, Shaftesbury Avenue und Charing Cross Road seinen Namen gegeben haben: Hier erstreckte sich der Jagdpark von Whitehall Palace, bis das Gelände im 17. und 18. Jahrhundert bebaut wurde. Von der Zeit seiner Erschließung an war Soho ein »unenglisches« Quartier – Wohnstätte vieler aus Frankreich vertriebener Hugenotten, neben denen sich Griechen, Italiener, Juden und Chinesen ansiedelten. Die Vielfalt ihrer Restaurants und die Nähe zu den Theatern im Westend trugen dazu bei, daß Soho im 19. Jahrhundert zu einem beliebten Ausgeh- und Vergnügungsviertel wurde. Einst respektabel bis mondän verrucht, geriet Soho nach dem Zweiten Weltkrieg allerdings durch eine rapide Zunahme von billigen Nachtlokalen und Striptease-Etablissements in den Ruf, eine asoziale, kriminelle Gegend zu sein, die ein Tourist besser meiden sollte. Um dieser negativen Entwicklung gegenzusteuern, gründeten Einwohner des Viertels 1972 die »Soho Society«. Der Erfolg ihrer Arbeit ist überall sichtbar: Soho gewinnt seinen Charakter als bunt-lebendiges Wohngebiet zurück, seine Straßen sind genauso sicher wie in den »besseren« Stadtteilen – und oft viel interessanter! Künstler und Musiker haben sich seit jeher gerne in dieser Umgebung niedergelassen. Johann Christian Bach und Karl Friedrich Abel, die erfolgreichen Konzertmanager des 18. Jahrhunderts, lebten nur wenige Schritte von jenen nachmaligen Music Clubs und Theatern entfernt, in denen während der sechziger Jahre viele Rhythm and Blues- und Rockbands ihre Weltkarrieren begannen. Geradezu symbolisch für die Musikgeschichte von Soho ist das Gegenüber eines Hauses, das 1764/65 der Familie Mozart als Quartier diente, und Ronnie Scott's traditionsreichem Jazz-Club in der Frith Street: »Swinging London« war Soho schon lange, bevor die Carnaby Street zum Synonym für Teenager-Kultur wurde und die »Beatlemania« ausbrach. Unser Spaziergang führt zu Gebäuden, die mit großen Namen des Jazz und der Popmusik verbunden sind. Jedoch gilt auch hier die Erkenntnis: »Nichts ist so alt wie der Hit von gestern« – auch Soho hat sich in den letzten zwanzig Jahren verändert, und viele der alteingesessenen Bewohner befürchten inzwischen, daß es sich zum Yuppie-Viertel mausert. Trotzdem ist es immer noch und immer wieder ein faszinierendes Erlebnis, von den großen Einkaufsstraßen und Hauptverkehrsadern aus in die so ganz andere Atmosphäre des »Londoner Quartier Latin« einzutauchen.

Unser Ausgangspunkt ist die U-Bahn-Station Tottenham Court Road. Wir gehen auf der Oxford Street nach Westen, auf den Oxford Circus zu, bis wir auf der rechten Straßenseite zur Bushaltestelle Wardour Street kommen. Hier finden wir an der Hauswand ein rotes Leuchtschild: »100 Club – London's Music Centre«.

Der Trompeter Humphrey Lyttelton (Mitte) und seine Band, um 1950

❶ Der 100 Club
100 Oxford Street

Seit den frühen vierziger Jahren hat dieses Gebäude eine Folge von Music-Clubs (d. h. Bands oder Organisationen) beherbergt und ist damit zur langlebigsten Adresse für traditionellen und Mainstream-Jazz in London geworden. Neben Joseph Feldmans Jazz- und Swing-Club (1941–1954) und seinen Gästen, darunter auch Bands der amerikanischen Streitkräfte im Zweiten Weltkrieg, trat regelmäßig der Trompeter Humphrey Lyttelton mit seinen Musikern auf und gründete (in Koexistenz mit dem London Jazz Club) einen eigenen Club, der sogar eine Jazz-Zeitschrift herausbrachte. Nach seiner Auflösung (1959) wurde das bis dahin als »Mack's« bekannte Haus in »The 100« umbenannt. Obwohl der traditionelle Jazz in England nach einer Blüte um 1960 durch den zunehmenden kommerziellen Erfolg der Beat- und Rockmusik einen Teil seines Publikums verloren hat und seine bedeutendsten Vertreter (Kenny Ball, Chris Barber, Acker Bilk, Ken Colyer) inzwischen verstorben sind oder sich zurückgezogen haben, ist der 100 Club seiner alten Linie bis heute treu geblieben.

Unser nächstes Ziel ist das moderne Gebäude an der Ecke Oxford Street / Poland Street auf der gegenüberliegenden Straßenseite (200 Meter weiter in Richtung Oxford Circus). Seine Front (No. 161–167) umfaßt auch die un-

scheinbare No. 165 als Eingang zu einem Bürokomplex. In dem Haus, das für den heutigen Bau abgerissen wurde, traf sich einige Jahre lang die Londoner Jazz- und Blues-Szene.

❷ Der ehemalige Marquee Club (1958–1964) 165 Oxford Street

Als Einrichtung der National Jazz Federation wurde der Club 1958 eröffnet (im Keller eines Kinos) und bot zunächst ein sehr breit gefächertes Programm. Besonders wichtig war der Beitrag des Marquee Club zur Entwicklung der Blues-Szene, denn hier trat Chris Barber auf, der in den USA Muddy Waters kennengelernt hatte und den Chicago-Blues 1959/60 nach London importierte. Zwei Musiker seiner Band, Cyril Davies und Alexis Korner (s. auch S. 59), gründeten 1961 die Gruppe Blues Incorporated. Ihre Stilrichtung »Rhythm and Blues« wurde schnell ungemein beliebt, so daß innerhalb kürzester Zeit viele neue Bands folgten (Georgie Fame and the Blue Flames, The Yardbirds u. a.). Keine Gruppe aus dem Gefolge von Barber und Korner wurde jedoch so berühmt wie die Rolling Stones, die hier in ihrer ersten Besetzung mit Mick Jagger, Keith Richards, Brian Jones, Mick Avory, Ian Stewart und Dick Taylor am 12. Juli 1962 ihren ersten Auftritt hatten. Als im Frühjahr 1963 eine ziemlich erfolglose und bald wieder aufgelöste Band namens The Roosters im Marquee erschien, ahnte noch keiner, daß ihr Gitarrist einmal zu den Weltstars gehören würde: Es

Die Rolling Stones 1963 im Marquee Club

war der neunzehnjährige Eric Clapton, der bald darauf bei den Yardbirds seine Karriere begann. 1964 zog der Marquee Club in die Wardour Street (s. S. 60).

Wir folgen der Oxford Street in Richtung Oxford Circus, gehen jedoch nicht ganz bis zu der Kreuzung mit der Regent Street, sondern biegen 50 Meter vorher links in die Argyll Street (Fußgängerbezirk) ein. Im Hintergrund lockt die Fachwerkfassade des Kaufhauses Liberty; zur Linken sehen wir eine klassische, säulengeschmückte Theaterfassade, gekrönt von einer pseudogriechischen Statuengruppe.

❸ London Palladium
8 Argyll Street

Frank Matchams Bau von 1910 ist das schönste noch bestehende Exemplar einer fast ausgestorbenen, typisch englischen Theatergattung, nämlich der Music Hall: eine Kombination von Konzertsaal für Unterhaltungsmusik, Varieté-Bühne und Zirkus. Die pompöse Säulenfront läßt kaum vermuten, daß das Palladium (2300 Plätze) zu den wichtigsten Stätten der Jazz- und Popgeschichte Englands zählt. Hier trat 1919 die Original Dixieland Jazz Band auf, nachdem George Robey sie aus dem Hippodrome vertrieben hatte (s. S. 66); hier konnten die Londoner im Juli 1932 Louis Armstrong bei seinem ersten Konzert außerhalb der Vereinigten Staaten hören. Ein Jahr später, im Juni 1933, begeisterte Duke Ellington mit seinem Orchester im Palladium nicht nur die ständig wachsende Schar der Jazz-Enthusiasten, sondern auch die »ernsthaften« Komponisten, die Aristokratie und sogar die königliche Familie. Es folgten die Größen des Jazz der dreißiger und vierziger Jahre: Cab

Louis Armstrong posiert für ein Pressefoto in britischem Tweed bei seinem ersten Besuch in London, 1932

Count Basie

Calloway, Coleman Hawkins, Fats Waller, Benny Goodman und Count Basie – um nur einige zu nennen.
Am 13. Oktober 1963 saßen schätzungsweise 15 Millionen Briten vor ihren Fernsehgeräten, als in der Sendung *Sunday Night at the Palladium* ein Auftritt der Beatles übertragen wurde. Nach ihren vorangegangenen Konzerten in ganz England waren sie in wenigen Monaten so populär geworden wie noch keine Musikgruppe zuvor, was an diesem Tag zum ersten großen Ausbruch der »Beatlemania« führte: Hunderte, wenn nicht Tausende von kreischenden Teenagern belagerten das Palladium, um einen Blick auf ihre Idole werfen zu können.
Diese Fan-Hysterie trug mit dazu bei, daß die Beatles sich 1966 von der Konzertbühne zurückzogen; sie konnten sich bei Live-Auftritten wegen des Getöses nicht mehr gegenseitig spielen hören.
Im Durchgang zur Tageskasse (Box Office, links neben dem Haupteingang) hängen Schaukästen mit Fotos von Musikern, Tänzern und Varieté-Stars aus der Geschichte des Hauses.
Nun geht es durch die Argyll Street auf Liberty zu, vor dem Kaufhaus linksherum und an seiner Ecke scharf nach rechts. Durch einen Ableger der Great Marlborough Street gelangen wir direkt in die Fußgängerzone Carnaby Street.

❹ Carnaby Street

Wo ehemals hugenottische Handwerker und Kaufleute wohnten, siedelten sich in den fünfziger Jahren immer mehr Mode-Boutiquen an. Sie offerierten alles, was in möglichst grellem Kontrast zum etablierten, bürgerlichen Bekleidungsstil stand, und machten Carnaby Street bald zu einem Synonym für die zwischen Protest und LSD-Träumen schwankende Lebensart der Nachkriegsgeneration. Wer

Coleman Hawkins

heute die Spuren dieser wilden Jahre sucht, wird enttäuscht sein: Die Carnaby Street ist zu einer Einkaufsstraße wie viele andere geworden.
Wir folgen der Carnaby Street bis zu ihrer Einmündung in die Beak Street, gehen ein paar Schritte nach links und nehmen die erste Querstraße rechts, Upper James Street. Sie führt uns zum Golden Square, der mit seiner zusammengewürfelten Bebauung und der kleinen Grünanlage einen ganz eigenen, kleinstädtischen Charme besitzt.

❺ Golden Square

Im 19. Jahrhundert wandelten viele Hausbesitzer ihre ehemals vornehmen Wohnetagen in Hotels und Pensionen um, so daß Golden Square zur beliebten (weil preiswerten) Adresse zahlreicher Künstler wurde. Es fällt auch heute nicht schwer, sich seine Boheme-Atmosphäre so vorzustellen, wie Charles Dickens sie in seinem Roman *Nicholas Nickleby* (1839) beschrieb:
»Zwei oder drei Geigen und ein Blasinstrument vom Opernorchester residieren in seiner Umgebung. Seine Logierhäuser sind musikalisch, und zur Abendzeit umwehen die Klänge von Pianos und Harfen das Haupt der trauernden Statue, des Schutzgeistes einer kleinen strauchigen Wildnis, in der Mitte des Platzes. An einem Sommerabend sind die Fenster geöffnet, und der Spaziergänger erblickt Gruppen von finsteren, schnauzbärtigen Männern, die wie die Schlote paffen. Geräusche von rauhen Stimmen bei ihren Gesangsübungen dringen durch die abendliche Stille, und die Rauchfäden von feinem Tabak würzen die Luft. Schnupftabak und Zigarren, Pfeifen und Flöten und Geigen und Celli teilen sich hier die Oberhoheit. Es ist die Gegend des Singens und Rauchens. Straßenkapellen geben ihr Bestes auf dem Golden Square, und wandernde Liedersänger zittern unwillkürlich, wenn sie ihre Stimme in seinen Grenzen erheben.«
Wenn heute auf dem Golden Square Musik zu hören ist, kommt sie mit größter Wahrscheinlichkeit aus Foote's Instrumentenhandlung im Haus No. 10, einem Spezialgeschäft für Jazz- und Rockinstrumente.
Über die Lower St. James Street und ihre Fortsetzung Sherwood Street erreichen wir Piccadilly Circus, den weltberühmten Platz mit dem Eros-Brunnen und den großen Leuchtreklamen. Wir halten uns links, überqueren die Einmündung der Shaftesbury Avenue und kommen am London Pavillion vorbei, einem ehemaligen Theater. Heute dient es als Spezialabteilung von Madame Tussaud's Wachsfigurensammlung.

❻ Rock Circus
1 Piccadilly Circus

Verblichene und aktuelle Größen aus vierzig Jahren Rock- und Popgeschichte, faszinierend lebensecht modelliert und zum Teil in Originalkleidung, dazu die passende Musik von einem tragbaren Kassettenrecorder, Lasershow und Videos – das kann, wenn der Rock Circus nicht gerade von Schulklassen überschwemmt

Piccadilly Circus mit dem »Eros-Brunnen«, um 1920

wird, ein origineller Ausflug in die Welt der Stars sein.

Der Richtung des Autoverkehrs geradeaus folgend, verlassen wir den Platz und gehen am Trocadero-Einkaufszentrum entlang durch die Coventry Street. Rechter Hand, an der Ecke der Oxendon Street, fällt ein merkwürdiger kleiner Betonturm ins Auge. Er gehört zu einem Theater, das von außen sehr schlicht bis unansehnlich wirkt, aber schon viele Male die königliche Familie zu seinen Gästen zählen konnte.

❼ Prince of Wales Theatre Coventry Street/Oxendon Street

1884 gegründet und 1937 neu erbaut, hat sich dieses Theater (1133 Plätze) auf Musicals, Revuen und Komödien spezialisiert. Am 4. November 1963 – einen Monat nach dem Erfolg im Palladium – traten die Beatles hier (neben Marlene Dietrich und Maurice Chevalier) bei der alljährlichen Royal Variety Performance auf, einer traditionsreichen Galavorstellung mit Künstlern aus aller Welt und hochrangigem Publikum. Vor dem Song *Twist And Shout* machte John Lennon seine unvergessene Ansage: »Für unsere letzte Darbietung möchten wir Sie um Ihre Hilfe bitten. Die Leute auf den billigen Plätzen klatschen in die Hände, und die übrigen rasseln einfach mit ihren Juwelen.« Das war die Art von Humor, die auch bei Londons High Society ankam und dazu beitrug, daß die Beatles in kürzester Zeit *everybody's darlings* wurden.

Am Ende der Coventry Street sehen wir Leicester Square, ein Zentrum der Vergnügungsindustrie, vor uns. Unser Weg führt jedoch schon vor dem Platz nach links in die Wardour Street und

Die Beatles bei ihrem Auftritt im Prince of Wales Theatre am 4. November 1963

damit in Richtung Chinatown: Tür an Tür liegen hier asiatische Restaurants und Geschäfte. Typische hölzerne Pagodentore verlocken zu einem kleinen Abstecher in die Fußgängerstraße Gerrard Street; sie ist die (für Touristen vollkommen sichere) Hauptstraße dieser exotischen »Stadt in der Stadt« und wird manchmal zum Schauplatz farbenprächtiger Feste.

Wir folgen der Wardour Street über die Shaftesbury Avenue hinweg. Rechts liegt, etwas erhöht, der alte Friedhof der bis auf den Turm kriegszerstörten Kirche St. Anne. Etwa fünfzig Meter weiter, an der Kreuzung Wardour Street / Brewer Street, steht auf der linken Straßenseite ein Eckhaus (1892) mit einem auffälligen runden Erker im zweiten Stock. Der Pub im Erdgeschoß heißt zur Zeit »The O' Bar«, aber über der Tür finden wir noch den alten Namen eingemeißelt: »The Roundhouse«.

8 Der ehemalige Roundhouse Pub Wardour Street/Brewer Street

Weil der Name »Roundhouse« für zwei wichtige Stätten der Londoner Jazz- und Rockgeschichte steht, vorweg eine Anmerkung: Das »Round House« (so die offizielle Schreibweise), in dem die großen Rockkonzerte der sechziger Jahre (u. a. die erste Multimediashow von Pink Floyd) stattfanden, ist ein alter Lokschuppen an der nördlich des Regent's Park gelegenen Chalk Farm Road. Der frühere Roundhouse Pub, vor dem wir jetzt stehen, beherbergte vor fünfundvierzig Jahren im ersten Stock den London Skiffle Club (»Skiffle« war eine aus den USA importierte Musikrichtung mit Elementen von Traditional Jazz, Folk und Chicago-Blues). Dort trafen sich Alexis Korner (1924–1984) und Cyril Davies, die 1955 aus dem Skiffle-Verein den London Blues & Barrelhouse Club machten und viele schwarze Blues-Musiker aus den Vereinigten Staaten (z. B. Muddy Waters) zu Auftritten im Roundhouse einluden. 1962 übersiedelten sie in einen Club im Londoner Stadtteil Ealing.

Lange bevor der Gitarrist Korner zum »Vater des weißen Blues« und Förderer einer ganzen Generation von jungen Musikern wurde, war er in Deutschland aktiv: Als Soldat der US-Army von 1946 bis 1948 in Bremerhaven stationiert, moderierte er (in perfektem Deutsch) die ersten Jazz-Sendungen des neugegründeten Nordwestdeutschen Rundfunks (NWDR) in Hamburg.

Auf der Wardour Street geht es geradeaus weiter, vorbei an der Einmün-

Eric Clapton als Gitarrist der Yardbirds, 1964

dung der hübschen Meard Street, zu der wir später zurückkehren werden. Zunächst führt unser Weg an älteren Häuserblocks vorbei zu dem sehr modernen, in eine Baulücke gestellten Restaurant »Mezzo« auf der rechten Straßenseite. Es trägt die Hausnummer 100, steht aber auf dem Grundstück der alten, bei einem Brand völlig zerstörten No. 90.

❾ Der ehemalige Marquee Club (1964–1988), 90 Wardour Street (heute Mezzo Restaurant 100 Wardour Street)

Nach seinem Umzug von der Oxford Street in die Wardour Street spezialisierte sich der Marquee Club auf Blues und Rock und wurde zum legendären Ort für die ersten Auftritte von nachmals weltberühmten Gruppen und Solisten. Um nur vier von ihnen zu nennen: Eric Clapton trat mit den Yardbirds (1964), den Bluesbreakers (1965) und Cream (London-Debüt am 2. August 1966) auf. David Bowie wurde hier von dem Manager Ken Pitt entdeckt, als er im Winter 1965/66 mit seiner Band The Lower Third spielte. Im Frühjahr 1966 folgte die Premiere von Pink Floyd, und am 10. Dezember 1968 fand das erste Konzert des Gitarristen Jimmy Page und seiner Gruppe mit dem Namen Led Zeppelin (vorher New Yardbirds) statt.

Nachdem das Gebäude ausgebrannt war, zog der Marquee Club in die Oxford Street (No. 105), wo er heute noch existiert.

Jetzt geht es ein kleines Stück zurück und dann in die erste Querstraße nach links, die Meard Street. Wie durch ein Wunder ist hier ein Häuserensemble aus dem 18. Jahrhundert vollständig erhalten geblieben.

❿ Die ehemalige Wohnung von Karl Friedrich Abel und Johann Christian Bach Meard Street

Wenn die beiden Komponisten und Konzertveranstalter heute in die Meard Street kämen, könnten sie uns zeigen, in welchem der Häuser sie von 1763 bis 1765 ihre gemeinsame Wohnung gemietet haben. Die Nummer ist unbekannt; Verkaufsanzeigen für ihre Musikdrucke mit Angaben wie »*To be had at Mr. Abel's & Mr. Bach's lodg-*

Karl Friedrich Abel. Ölgemälde von Thomas Gainsborough, 1777

Johann Christian Bach. Ölgemälde von Thomas Gainsborough, um 1770

ings in Meard Street« gingen offenbar davon aus, daß man wußte oder sich an Ort und Stelle erkundigte, wo sie zu finden waren.

Johann Christian Bach (1735–1782), der jüngste Sohn Johann Sebastians, studierte Musik bei seinem Bruder Carl Philipp Emanuel und bei Padre Martini in Bologna. Nach verschiedenen Engagements in Italien ließ er sich 1762 in London nieder. Nicht seine Opern machten ihn hier berühmt, sondern die Konzerte, die er mit dem Gambenvirtuosen Karl Friedrich Abel (1723–1787) zusammen gab. Auch im Privatleben gute Freunde, krönten Bach und Abel ihre erfolgreichen musikalischen Unternehmungen 1774 mit dem Bau des Musiksaals am Hanover Square (s. S. 16f.). Zu Beginn des Jahres 1765 zogen sie von der Meard Street in ein (nicht mehr bestehendes) größeres Haus am King's Square Court in der Nähe des Soho Square (heute Carlisle Street). Ihre Wohngemeinschaft gaben sie jedoch auf, als Bach 1773 die Sängerin Cecilia Grassi heiratete und in die vornehmere Newman Street (No. 80; nördlich der Oxford Street) zog. Zu ihren Besuchern in der Meard Street zählte der achtjährige Wolfgang Amadeus Mozart, der sich während seines Aufenthalts in London mit dem warmherzigen Bach anfreundete und stark von dessen sanglichem, ausdrucksvollem Kompositionsstil beeinflußt wurde. Schwester Nannerl erinnerte sich später, Bach habe Wolfgang am Cembalo zwischen die Knie genommen, »jener spielte etwelche Tact, dann fuhr der andere fort, und so spielten sie eine ganze Sonaten und wer solches nicht sahe, glaubte es wäre solche allein von einem gespielt«.

Wolferl Mozart und sein Papa brauchten nicht weit zu gehen, um von der Meard Street in ihr Quartier zurückzukehren. Wir folgen ihnen, indem wir am Ende der Meard Street nach rechts in die Dean Street einbiegen und dann nach links durch die Old Compton Street weitergehen. Die erste Querstraße auf der linken Seite ist die Frith Street, wo wir zunächst an jenem Haus (No. 22) vorbeikommen, in welchem John Logie Baird am 26. Januar 1926 die erste Vorführung des von ihm erfundenen Fernsehgeräts gab. Das Nachbarhaus ist eine der Londoner Mozart-Gedenkstätten.

⓫ Die ehemalige Wohnung der Familie Mozart 20 Frith Street

Weil die Zimmer im Cecil Court (s. S. 84) zu klein waren, übersiedelten die Mozarts im August 1764 nach Chelsea (180 Ebury Street, Gedenktafel am Haus und Denkmal) und mieteten sich im September bei dem Miedermacher Mr. Williamson in der Frith Street (damals noch Thrift Street) ein, wo sie bis zum Juli 1765 wohnten.

Fünf Jahre nach ihrem Aufenthalt erschien ein Bericht des Gelehrten Daines Barrington über einen Besuch bei dem Wunderkind. Zunächst skeptisch, konnte Barrington sich bald von Wolfgangs Begabung überzeugen: Auf die Bitte nach einem improvisierten »Wutgesang« im Opernstil sah sich »der Knabe... ganz durchtrieben um«, spielte ein Rezitativ und eine Arie, »und in der Mitte davon hatte er sich zu einer solchen Begeisterung emporgearbeitet, daß er sein Klavier wie ein Besessener schlug und einigemale in seinem Stuhl sich emporhob«. Aber Wolfgang, das Kind, ließ sich ebensoschnell wieder von der Musik ablenken: »Während er mir vorspielte, kam eine Lieblingskatze herein, worauf er sogleich sein Klavier verließ und wir ihn auch eine geraume Zeit hindurch nicht wieder zurückbringen konnten. Zuweilen ritt er auch auf ei-

Jazz-Session mit Ronnie Scott am Tenorsaxophon (links), um 1957

nem Stocke zwischen den Beinen wie auf einem Pferde im Zimmer herum.«
Dem Mozart-Haus gegenüber liegt eine der »Wallfahrtsstätten« für Jazzfreunde in London.

⓬ Ronnie Scott's Club
47 Frith Street

Nach dem Zweiten Weltkrieg eroberte der amerikanische Bebop als moderner Jazz-Stil Europa – sehr zum Mißfallen der Anhänger des traditionellen New Orleans-Jazz. In England verhalfen die jungen Saxophonisten Ronnie Scott und John Dankworth mit ihrer Gruppe Club 11 den neuen Klängen zum Durchbruch. Scott eröffnete 1959 in einem winzigen Keller (39 Gerrard Street) seinen eigenen Club, wo auch amerikanische Solisten auftraten. Seit dem Umzug in die größeren Räume in der Frith Street (1967) konnte er – unbeschadet diverser Krisen des Unternehmens – die internationalen Größen des Jazz präsentieren: Stan Getz, George Coleman, Dizzy Gillespie, Earl Hines, Oscar Peterson, Mary Lou Williams, Count Basie, Woody Herman und unzählige andere.
Wir gehen zur Old Compton Street zurück, biegen jetzt links ab und stehen gleich darauf vor der dunklen Backsteinfassade des Prince Edward Theatre.

⓭ Prince Edward Theatre
22 Old Compton Street

Nach einer wechselvollen Laufbahn als Theater, Kino und Kabarett-Restaurant wird das 1930 erbaute Haus (1666 Plätze) heute als Musical-Theater betrieben. Von 1978 bis 1986 lief hier Andrew Lloyd Webbers Erfolgsstück *Evita.*
Am Theater entlang und weiter geradeaus – dann haben wir mit der Hauptstraße Charing Cross Road schon die Grenze von Soho erreicht. Wir wenden uns nach rechts zum Verkehrsknotenpunkt Cambridge Circus, wo sich rechter Hand ein beeindruckendes Bauwerk mit prachtvoller Terracotta-Front erhebt. Es sieht wie ein Bahnhof aus, ist jedoch (wie könnte es im Londoner Westend anders sein!) ein Theater.

»Evita« in der Londoner Inszenierung von 1978 mit Elaine Page in der Hauptrolle

Anna Pavlova in »La Fille Mal Gardée«

⓮ Palace Theatre Cambridge Circus

Richard D'Oyly Carte, der Erbauer des Savoy-Theaters und Hotels (s. S. 78f.), wünschte sich auch noch ein Opernhaus und ließ sich diesen Traum 1888–1891 von den Architekten T. E. Collcutt und G. H. Holloway verwirklichen. Zur Eröffnung des Royal English Opera House komponierte Arthur Sullivan die große romantische Oper *Ivanhoe*, eines seiner wenigen *nicht* komischen Bühnenwerke. Das neue Unternehmen war ein großer Erfolg, kostete aber leider viel mehr als ursprünglich berechnet, und so wurde das Opernhaus schon 1892 in eine Music Hall umgewandelt. Zum breitgefächerten Programm, das hier geboten wurde, gehörte das Londoner Debüt der Primaballerina Anna Pavlova (1910). Von 1925 an kamen Musicals zur Aufführung: Vincent Youmans *No, No, Nanette* (1925) brachte es auf 655 Vorstellungen, Rodgers und Hammersteins *The Sound of Music* zwischen 1961 und 1967 sogar auf 2385, doch diese Zahlen verblassen vor den Laufzeiten der Webber-Musicals *Jesus Christ, Superstar* (1972–1980) und *Les Misérables* (seit 1985).

Die Original Dixieland Jazz Band, um 1920

Der Superstar des weltweiten Musikbetriebs hat das Theater (1400 Plätze) inzwischen gekauft und sorgfältig restaurieren lassen.

Auf der Charing Cross Road, einem Mekka der Bücherfreunde, geht es über die Shaftesbury Avenue hinweg weiter in Richtung Trafalgar Square. Unser letztes Ziel steht an der Ecke der Cranbourn Street: ein pompöser Riesenbau im Stil der Jahrhundertwende, passend zu seinem Namen mit einem silberglänzenden Zweiergespann verziert. Die beste Sicht auf die viktorianische Pracht hat man von der linken Straßenseite aus.

⓯ Hippodrome Charing Cross Road/Cranbourn Street

Frank Matcham, der Architekt des Colosseums (English National Opera) und des London Palladium, entwarf das 1900 eröffnete Hippodrome als Kombination aus Music Hall und Zirkus, doch schon ab 1912 wurde es als Revue- und Varietétheater genutzt. Hier erlebte das Londoner Publikum –

gänzlich unvorbereitet, da noch nicht mit Radios oder entsprechenden Schallplatten ausgerüstet – den ersten Auftritt einer Jazzband außerhalb Amerikas: Am 7. April 1919 spielte die Original Dixieland Jazz Band (mit ausschließlich weißen Musikern) einige Nummern in der Revue *Joy Bells*. Während zufällig anwesende amerikanische Soldaten frenetisch applaudierten, reagierten die englischen Zuhörer überwiegend mit Unverständnis bis hin zu Abscheu – der Star der Revue, George Robey, fand die »Negermusik« so gräßlich, daß er mit seinem Rücktritt drohte. Deshalb mußte die Band schon nach einem Abend das Hippodrome verlassen, fand aber sofort ein neues Engagement im London Palladium (s. S. 54f.). Von wachsendem Erfolg begleitet, blieben die Dixielanders fünfzehn Monate in England (während mit Will Marion Cooks Southern Syncopated Orchestra auch schon ein farbiges Orchester in London auftrat) und wurden schließlich sogar bei Hofe empfangen. Wie der Bandleader Nick La Rocca später erzählte, durften sie im Buckingham Palace ihre Zugnummer, den *Tiger Rag*, spielen, woraufhin die aristokratischen Gäste wie versteinert standen und völlige Stille herrschte, bis König George V. lachte und zu klatschen begann. Als die Band im Juli 1920 nach Amerika zurückkehrte, ließ sie vor allem in der jungen Generation des Adels begeisterte Anhänger zurück – Jazz war zum Ausdruck des neuen Lebensgefühls nach dem Ersten Weltkrieg geworden.

Das Hippodrome blieb in den zwanziger und dreißiger Jahren eine wichtige Stätte für die Gastspiele großer amerikanischer Bands (z. B. Paul Whiteman's Symphonic Syncopated Concert Orchestra) und für Aufführungen von Musicals. Von 1958 bis 1985 wurde es als Nachtclub »Talk of the Town« (mit vielen Jazz-Konzerten) betrieben, jetzt ist es eine Diskothek.

Direkt vor dem Hippodrome liegen die Eingänge zur U-Bahn-Station Leicester Square. Falls Sie bei diesem Bummel durch Soho Lust auf einen Theaterbesuch bekommen haben, hier noch ein praktischer Hinweis: Auf dem Leicester Square betreibt die Vereinigung der West End-Theater einen Kassenpavillon (Half Price Theatre Ticket Booth), wo Sie Eintrittskarten für Vorstellungen am gleichen Tag zum halben Preis erwerben können (wenn vorrätig).

Die Bow Street, Covent Garden, um 1950. Links die Blumenmarkthalle, dahinter der Säulenportikus des Opernhauses

Vierter Spaziergang Von Covent Garden zum Trafalgar Square – Theaterland

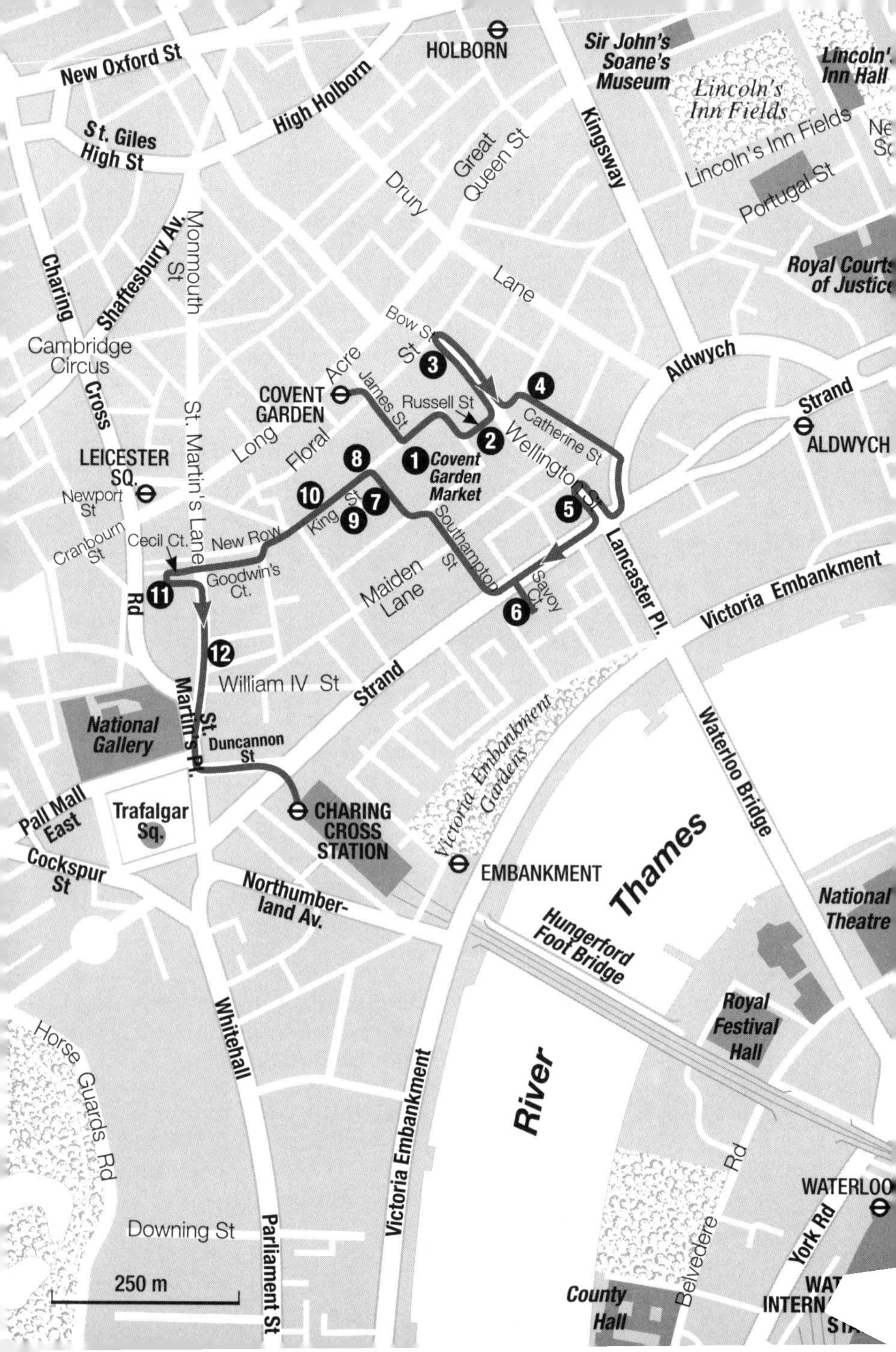

New Oxford St
HOLBORN
Sir John's Soane's Museum
Lincoln's Inn Hall
Lincoln's Inn Fields
High Holborn
St. Giles High St
Kingsway
Lincoln's Inn Fields
Great Queen St
Drury
Portugal St
Monmouth St
Shaftesbury Av.
Charing
Lane
Royal Courts of Justice
Bow St
Cambridge Circus
Acre
St
Aldwych
COVENT GARDEN
James St
Russell St
Catherine St
Strand
Cross
Long
Wellington St
ALDWYCH
LEICESTER SQ.
Floral
Covent Garden Market
Newport St
King St
Southampton St
Cranbourn St
Cecil Ct.
New Row
St. Martin's Lane
Lancaster Pl.
Goodwin's Ct.
Maiden Lane
Savoy Ct
Victoria Embankment
Rd
William IV St
Strand
National Gallery
St. Martin's Pl.
Duncannon St
Waterloo Bridge
Victoria Embankment Gardens
Pall Mall East
Trafalgar Sq.
CHARING CROSS STATION
Thames
EMBANKMENT
Cockspur St
Northumberland Av.
National Theatre
Hungerford Foot Bridge
Royal Festival Hall
Horse Guards Rd
Whitehall
Victoria Embankment
River
Rd
WATERLOO
Downing St
York Rd
Belvedere
250 m
County Hall
Parliament St

Dieser Spaziergang führt uns durch das »Theaterland« auf den ehemaligen Gärten und Weiden von Westminster Abbey – daher der Name Convent- oder Covent-Garden. Nach der Auflösung der Klöster kam das Gebiet zwischen St. Martin's Lane, Long Acre, Drury Lane und Strand in den Besitz der Earls of Bedford. Francis Russell, der vierte Earl, verschaffte sich um 1630 eine Baugenehmigung und entwickelte mit Hilfe des damaligen Star-Architekten Inigo Jones ein gewaltiges Spekulationsobjekt: Zwischen Westminster und der City of London sollte ein riesiger, italienisch anmutender Platz entstehen, gesäumt von Häusern für »Gentlemen und Männer der Geisteswelt«, die bereit waren, für ihren Anteil an dem exquisiten Ensemble ein Vermögen an Miete zu bezahlen. Da sich mehr als genug Interessenten fanden, wurde Covent Garden tatsächlich für einige Jahrzehnte zur besten Adresse Londons. Als die vornehme Klientel jedoch um 1700 nach St. James's abzuwandern begann, breitete sich der 1670 gegründete Blumen- und Gemüsemarkt weiter aus; gleichzeitig vermehrten sich die Kaffeehäuser, und immer mehr Künstler ließen sich in Covent Garden nieder. Schauspieler vom Drury Lane-Theater, Komponisten und Musiker vom 1732 eröffneten Opernhaus, Maler und Literaten bildeten den respektableren Teil der neuen Einwohnerschaft. Daneben siedelten sich Spielhöllen, dubiose türkische Bäder und Bordelle in solcher Zahl an, daß der Marktplatz »the great Square of Venus« genannt wurde. Erst um 1830 gelang es, den völlig verwahrlosten Gemüsemarkt neu zu organisieren und mit dem Bau von großen Hallen in einen modernen Betrieb umzuwandeln. Trotzdem behielt die Gegend ihren eigenen Charakter. Die Marktarbeiter und Blumenverkäuferinnen waren für ihren Mutterwitz und ihre Schlagfertigkeit berühmt – wie Eliza Doolittle, die Heldin von George Bernard Shaws Komödie Pygmalion, *die von 1956 an in Frederick Loewes Musicalversion* My Fair Lady *die Bühnen der Welt eroberte, als ihre Vorbilder schon fast aus dem Stadtbild Londons verschwunden waren. 1974 wurde der Markt nach Battersea verlegt und die alten Hallen in eine Restaurant- und Ladenpassage umgewandelt. Erhalten geblieben ist die jahrhundertealte Theatertradition von Covent Garden, so daß heute wie schon seit 300 Jahren vor und nach den Vorstellungen hier ein reges Treiben herrscht.*

Unser Spaziergang beginnt an der U-Bahn-Station Covent Garden. Wir nehmen den Ausgang zur James Street und wenden uns nach rechts, wo eine belebte Fußgängerstraße mit schönen alten Ladenfronten auf die Markthallen zuführt.

❶ Covent Garden – The Piazza

Alte Abbildungen vermitteln noch einen Eindruck von der einheitlichen Bebauung nach Jones' Plänen. Besonderes Aufsehen erregten die an italienischen Vorbildern orientierten, zum Lustwandeln einladenden Arkadengänge an dem damals noch freien

Covent Garden Piazza. Ölgemälde von Joseph van Aken, um 1730

Platz. Die Londoner nannten die Anlage schon bald mit zärtlichem Stolz *The Piazza*, Jones aber mußte sich harsche Kritik gefallen lassen: viele seiner Kollegen hielten diese mediterrane Exklave in einer noch von mittelalterlichem Fachwerkbau und Tudor-Gotik geprägten Stadt für einen anstoßerregenden Fremdkörper. Keines der Häuser hat in seiner ursprünglichen Gestalt überlebt, lediglich das 1877–1879 errichtete Gebäude der Bedford Chambers an der Einmündung der James Street ähnelt der Originalplanung. Hier kann man nach wie vor unter den Arkaden Kaffee trinken und den Straßenkünstlern auf der Piazza zuschauen.

Wir kehren später noch einmal zur Piazza zurück – jetzt gehen wir durch die luftigen, schön restaurierten Hallen mit ihren verlockenden Geschäften, halten uns dabei links (in Richtung der Großbaustelle neben dem Königlichen Opernhaus) und verlassen den zentralen Platz auf der Russell

Street. Rechts vor uns liegt der Eingang zum nationalen Theatermuseum.

❷ Theatre Museum
Russell Street

Eine üppig verzierte, goldglänzende Loge aus einem alten Londoner Theater leuchtet dem Besucher beim Eintritt entgegen und verlockt zu einem Streifzug durch 400 Jahre englischer und europäischer Bühnentradition in einer der bedeutendsten theaterhistorischen Sammlungen der Welt. Zwischen Erinnerungsstücken an die großen Persönlichkeiten des englischen Schauspiels und den Originalgewändern für Nijinskys Ballett *Le Sacre du Printemps* werden zwei silberglänzende französische Barockkostüme meistens übersehen – sie gehören zu den ganz wenigen noch erhaltenen Theaterkleidern aus dem frühen 18. Jahrhundert und damit zu den großen Schätzen dieses Museums.

Vom Theatermuseum führt der Weg nun nach links durch die Bow Street, an den gerade entstehenden Erweiterungsbauten der Royal Opera vorbei, zum Eingangsportikus des berühmtesten englischen Opernhauses. Seine Nachbarin, die hübsche viktorianische Blumenmarkthalle, soll bald als Wandelhalle für die Besucher dienen.

Tänzer in Ritualhaltungen, die Vaclav Nijinsky für das Ballett »Le Sacre du Printemps« entwarf

Marie Sallé. Anonymes Ölgemälde, um 1730

❸ Royal Opera House Covent Garden Bow Street

Vom ungeheuren Erfolg seiner Produktion der *Beggar's Opera* in Lincoln's Inn Fields (s. S. 92f.) ermutigt, ließ der Impresario John Rich 1732 das erste Theater an dieser Stelle bauen. Zwei Jahre später engagierte er Händel, der in den Jahren 1734 und 1735 mit Rich zusammenarbeitete und sechs Opern in Covent Garden zur Uraufführung brachte, darunter mit *Alcina* und *Ariodante* zwei seiner besten Bühnenwerke. Sie machten gleichzeitig Tanzgeschichte, denn sie enthielten Balletteinlagen für Marie Sallé (1707–1756), die im Gegensatz zu den formalisierten Standardtänzen der Zeit erste *ballets d'action*, d.h. in die Handlung einbezogene Ausdruckstänze aufführte und es wagte, mit offenem Haar und in einem fließenden Musselingewand statt in Korsage und steifem Rock aufzutreten.

Während Händels Opernschaffen stärker mit dem Haymarket Theatre verbunden war, wurde Covent Garden die wichtigste Aufführungsstätte seiner Oratorien. *Alexander's Feast*, *Samson*, *Judas Maccabaeus*, *Solomon* und *Jephtha* erlebten in diesem Theater ihre Premieren, wobei auf der Bühne eine Tribüne für die Mitwirkenden errichtet wurde und eine von Händel gestiftete Orgel den Mittelpunkt bildete. Dieses Instrument, das unschätzbar wertvolle Notenarchiv und der ge-

Adelina Patti als Margarethe

samte Fundus des Hauses fielen 1808 einem Theaterbrand zum Opfer.
Davor war das Niveau von Covent Garden offenbar tief gesunken. Ein überaus kritischer Beobachter, nämlich Joseph Haydn, notierte 1791: »das Theater ist sehr finster und schmutzig ... der gemeine Pöbl in denen gallerien ist durchaus in allen Theatern sehr impertinent, er giebt mit allem ungestüm den ton an... DAS ORCHESTER IST SCHLÄFRIG.«
Im neogriechischen Nachfolgebau brachte Carl Maria von Weber, schon von der Tuberkulose gezeichnet, am 12. April 1826 vor einem begeisterten Publikum seine Oper *Oberon* zur Uraufführung: Als erster Komponist in der Geschichte von Covent Garden wurde er nach dem Finale auf die Bühne gerufen. Weber fühlte sich in England wohl, doch seine Krankheit hatte bereits das letzte Stadium erreicht und vereitelte den ersehnten großen Erfolg im englischen Konzertleben. Sieben Wochen nach der *Oberon*-Premiere starb er, noch nicht vierzig Jahre alt, in seiner Londoner Wohnung (91 Great Portland Street, nahe der Langham Street).
Das heutige, 1858 eröffnete Opernhaus von E. M. Barry (2186 Plätze) erlangte mit hervorragenden Produktionen italienischer Opern, u.a. mit den Primadonnen Adelina Patti und Nellie Melba, und Ereignissen wie Wagners *Ring* unter Gustav Mahler (1892) wieder internationale Geltung. Für Jahrzehnte war Thomas Beecham der führende Dirigent. Den Neuanfang nach dem Zweiten Weltkrieg prägte der Exil-Österreicher Karl Rankl, seitdem gehört Covent Garden zu den großen Opernhäusern der Welt. Von 1961 bis 1971 stand es unter der musikalischen Leitung von Georg Solti; während dieser Jahre feierten Gwyneth Jones und Janet Baker hier ihre ersten großen Erfolge. Mit dem Royal Ballet fand auch ein Tanzensemble von Weltklasse hier seine

Nellie Melba als Ophélie in »Hamlet« von Ambroise Thomas

Gustav Mahler. Fotografie, 1898

Zur Kreuzung Bow Street/Russell Street zurückgekehrt, biegen wir nun nach links ein. Rechts vor uns erstreckt sich die lange, ein wenig finster wirkende Seitenfront eines Theaters, dessen Geschichte noch weiter zurückreicht als die des Opernhauses. Einige Schritte nach rechts in die Catherine Street, und wir stehen vor seiner klassizistischen Eingangsseite. Tagsüber ist die Theaterkasse im Foyer geöffnet, so daß man jederzeit eintreten und auch einen Blick in die dahinterliegende Rotunda werfen kann.

Heimat – unvergessen sind die gemeinsamen Auftritte von Margot Fonteyn und Rudolf Nurejew in den sechziger Jahren. Im Sommer 1997 schloß das Opernhaus seine Pforten, damit ein milliardenteures Um- und Neubauprogramm durchgeführt werden kann. Dazu gehören eine vollständig neue Maschinerie, Probebühnen, Räume für das Royal Ballet, größere Foyers und eine Angleichung der Piazza-Seite an die Originalpläne von Inigo Jones. Die Wiedereröffnung soll im Herbst 1999 stattfinden; bis dahin finden die Opernaufführungen in anderen Theatern (z.B. im Barbican Theatre) statt.

Rudolf Nurejew und Margot Fonteyn in »La Bayadère«, Covent Garden 1965

Der Zuschauerraum des Theatre Royal Drury Lane. Stich von Isaac Taylor, 1804

❹ Theatre Royal Drury Lane Catherine Street

Das erste Theater an dieser Stelle wurde 1663 als Bridges Street Theatre eröffnet. Nach einem Großbrand entstand 1674 ein zweiter Bau, der bis 1791 existierte und, mehrfach erweitert, schließlich etwa 2300 Besuchern Platz bot. In diesem Theater kamen viele Schauspiele mit Musik von Henry Purcell zur Aufführung (z. B. *Dioclesian*, 1690; *The Fairy Queen*, 1692; *The Indian Queen*, 1695). 1705 hörte man zum erstenmal in England eine vollständig gesungene Oper, *Arsinoe* von Thomas Clayton. Berühmt war Drury Lane jedoch vor allem als Sprechbühne: Hier feierte David Garrick von 1742 an seine Triumphe in Shakespeares Dramen ebenso wie in komischen Rollen.

Im Februar 1809 ging auch das dritte, 1794 eingeweihte Drury Lane-Theater – ein Prunkbau für 3600 Zuschauer – in Flammen auf. Drei Jahre später war der vierte, heute noch stehende Bau (2240 Plätze) vollendet; von Benjamin Wyatts edler klassizistischer Ausstattung sind jedoch nach einigen Umbauten nur das Foyer, die Rotunde und die Treppenaufgänge übriggeblieben. Am 29. Juni 1824 gab hier der zwölfjährige Franz Liszt ein Konzert mit virtuosen Stücken von Hummel und Czerny sowie – ein beliebter Programmteil bei Auftritten von Wunderkindern – »Extempore-Phantasien« über Themen, die von den Zuhörern eingereicht wurden. 1870 stand die erste Wagner-Aufführung in England auf dem Spielplan (*Der fliegende Holländer*), doch weitaus größeres Aufsehen erregte 1902 die Bühnenversion von *Ben Hur*, als zwanzig Pferde in vollem Galopp das berühmte Wagenrennen austrugen. Wenn Sie wissen möchten, wie dieses Spektakel bewerkstelligt wurde, sollten Sie an der mehrmals täglich stattfindenden *Behind the Scenes Tour* teilnehmen, die einen faszinierenden Einblick in die Geschichte und die Technik des Hauses bietet und natürlich auch das Theatergespenst nicht unerwähnt läßt. Der legendäre »Mann in Grau« besucht angeblich noch heute gelegentlich die Matineen...

Der zwölfjährige Franz Liszt am Klavier. Zeichnung von Leprince, 1824

Die Catherine Street, ehemals eine berüchtigte »Rotlichtstraße«, führt uns nun leicht bergab in Richtung Themse-Ufer. An ihrer Einmündung in die Hauptverkehrsader Aldwych stehen zwei modernere Theater: rechts das 1929 eröffnete Duchess Theatre, gegenüber das größere Strand Theatre. Es wurde 1905 mit einer italienischen Opernsaison eingeweiht, spezialisierte sich jedoch schon bald auf Komödien und Schauspiele mit Musik.

Wir folgen Aldwych nach rechts zur Hauptstraße Strand und biegen rechts ein. Nach wenigen Schritten treffen wir rechter Hand auf die Wellington Street. Gegen Ende des 17. Jahrhunderts, als sie noch Charles Street hieß, trafen sich Londons Musikfreunde hier in einem Auktionssaal zu Konzerten, die von dem englischen Komponisten Robert King (gest. 1728) und seinem aus Hamburg zugewanderten Kollegen Johann Wolfgang Franck (1644–1710?) veranstaltet wurden. Das Auktionshaus ist längst verschwunden, und beinahe hätte das Theater, dessen Giebelfront das untere Ende der Wellington Street beherrscht, das gleiche Schicksal getroffen.

Sir Thomas Beecham bei einer Probe mit dem Royal Philharmonic Orchestra, 1958

❺ Lyceum Theatre Wellington Street

Zwei Jahreszahlen stehen zu seiten des neogriechischen Portikus: 1834 und 1996 – dazwischen liegt eine Geschichte, die an Dramatik manches Schauspiel übertrifft. Hervorgegangen aus einem 1771 erbauten Konzert- und Ausstellungssaal, wurde das Lyceum nach Umbauten und Bränden 1834 an seinem jetzigen Standort als English Opera House eröffnet. Im Gegensatz zur Covent Garden-Oper, wo alle Werke italienisch gesungen wurden, kamen hier englische romantische Opern wie Michael Balfes *The Rose of Castille* (1857) zur Aufführung – ein Erfolgsstück seiner Zeit, das aber heute (wie die Werke von Balfes Zeitgenossen Thomson, Loder und Macfarren) gänzlich in Vergessenheit geraten ist. Später übernahm das Schauspielerpaar Henry Irving und Ellen Terry das Lyceum, ohne seine musikalische Tradition abbrechen zu lassen: Große Ereignisse waren die englische Erstaufführung von Verdis *Otello* während eines Gastspiels der Mailänder Scala (1889), die Vorstellungen der Ballets Russes (1929) und eine russische Opernsaison unter Thomas Beechams Leitung mit dem Bassisten Fjodor Shalyapin (1931). 1939 wurde das Lyceum nach einer letzten *Hamlet*-Aufführung mit John Gielgud in der Hauptrolle geschlossen und sollte abgerissen werden, um einer neuen Zufahrt zur Waterloo Bridge Platz zu machen. Der Kriegsausbruch durchkreuzte diesen Plan, das Theater überstand die Bombardements und diente danach als Tanzhalle. Heruntergekommen und baufällig geworden, mußte es 1991 erneut schließen und schien nun endgültig zum Abbruch verdammt, doch eine große Theaterbetriebsgesellschaft kam in letzter Minute zu seiner Rettung. Seit seiner Wiedereröffnung am 31. Oktober 1996 stellt das Lyceum nun mit seiner prachtvoll restaurierten rotgoldenen Innenausstattung von 1904 eines der *highlights* der Londoner Theaterlandschaft dar. John Gielgud konnte miterleben, wie sein Theater – siebenundfünfzig Jahre nach der vermeintlich letzten Vorstellung – gegen alle Erwartungen wiedergeboren wurde.

Wir kehren zurück zum Strand, gehen rechtsherum weiter und wechseln auf die andere Straßenseite. Vor uns erhebt sich (auf dem Grundstück des 1816 abgerissenen Savoy Palace) das 1889 eröffnete Savoy Hotel, eine der ersten Adressen Londons. Sein Gründer, Richard D'Oyly Carte, ließ es als hochmoderne Übernachtungsmöglichkeit für die Gäste seines erfolgreichen Theaters errichten, das an der rechten Seite der Hotelzufahrt (Englands einziger Fahrweg mit Rechtsverkehr!) liegt.

Arthur Sullivan, um 1880

❻ Savoy Theatre
Strand/Savoy Court

So wie heute spezielle Theater für Musicals gebaut werden, entstand das Savoy Theatre 1881 für die komischen Opern der kongenialen Partner William S. Gilbert (1836–1911; Texte) und Arthur Sullivan (1842–1900; Musik). Ihre Werke, z. B. *The Mikado* (1885) oder *The Gondoliers* (1889), waren und sind in England so populär wie Jacques Offenbachs Musik in Frankreich und Deutschland. Einen Weg auf den Kontinent fanden sie allerdings nicht, da man den Wortwitz der Libretti und ihren typisch viktorianischen Humor kaum in andere Sprachen übersetzen kann. Nachdem

Gilbert und Sullivan sich untereinander und mit dem Impresario D'Oyly Carte zerstritten hatten, kamen im Savoy Theatre komische Opern anderer Komponisten und – von 1903 an – überwiegend Schauspiele zur Aufführung. 1929 verwandelte der Innenarchitekt Basil Ionides das Theater in ein Juwel des Art déco-Stils, das vor einigen Jahren nach einem Brand originalgetreu wiederhergestellt worden ist.

Schräg gegenüber vom Eingang des Savoy Hotels zweigt die Southampton Street vom Strand ab, durch die wir wieder zur Covent Garden Piazza gehen. Auf dem Platz angelangt, besuchen wir nun die Kirche auf der linken Seite. Sie wendet den Markthallen ihren Säulenvorbau zu.

❼ St. Paul, Covent Garden – Der Portikus Covent Garden Piazza

Weil der Earl of Bedford hohe Steuern für seine Platzanlage zahlen mußte, sollte Jones beim Bau der neuen Pfarrkirche jeglichen Aufwand vermeiden. So entstand ein schmuckloses Gebäude, das jedoch seiner vollendeten Proportionen wegen vielen englischen Architekten als Modell diente. Deshalb wurde die Kirche auch bei einer Totalrenovierung (1788) und nach einem Brand (1795) stets originalgetreu wiederaufgebaut.

An der linken Seite des Portikus weist eine Tafel auf die erste nachgewiesene Puppentheateraufführung (Punch and Judy Show) in London hin (1662). Unter dem Vordach spielt auch die erste Szene von Shaws *Pygmalion*, in der sich das Blumenmädchen Eliza und Professor Higgins zum erstenmal begegnen.

Um den Kircheneingang zu finden, müssen wir bis zur King Street weitergehen. An der Einmündung dieser Straße in die Piazza steht ein barockes Haus mit einer auffällig gegliederten Fassade. Heute macht es einen sehr ruhigen Eindruck – vor 150 Jahren war es ein Treffpunkt der Londoner Gourmets und Musikfreunde.

❽ Das ehemalige Restaurant Evans 43 King Street

Wie es zu Händels Zeit an einem Wintermorgen vor diesem 1717 erbauten Haus und der benachbarten Kirche zuging, zeigt (topographisch seitenverkehrt) William Hogarths Kupferstich *Morning*: Prostituierte gehen ihrem Gewerbe nach und wärmen sich am offenen Feuer, während in »Tom King's Coffee House«, einer bis etwa 1750 betriebenen Spelunke vor dem Kirchen-Portikus, eine Schlägerei stattfindet. Kein Wunder, daß die feine Lady so schockiert dreinblickt! Dreißig Jahre später wurde das Haus in ein Hotel umgewandelt, und um 1840 richtete W. C. Evans hier mit seinem »Music-and-Supper Room« die erste der später so beliebten Music Halls ein. Während der prachtvolle Speisesaal im Obergeschoß die reichen Londoner Bohemiens anzog, gab es im »Evans-Keller« Unterhaltung der volkstümlicheren Art. Theodor Fontane beobachtete dort 1852 das Musik-

Lockere Moral in Covent Garden: William Hogarts Stich von 1738 zeigt (seitenverkehrt) den Portikus von St. Paul's Covent Garden (rechts) und das spätere Restaurant Evans (am linken Rand).

leben: »Zehn ziemlich gewandte Finger spielen die Ouvertüre am Flügel, und kaum ist der letzte Ton verklungen, so rückt eine ›Abteilung Waisenhaus‹... auf die Bühne. Blasse, skrofulöse Gesichter, täuschend ähnlich jenen Gestalten, wie sie die Feder Cruikshanks in seinen Nicolas-Nickleby-Illustrationen uns überliefert hat. Sie singen Lieder, Sonette, Madrigals, Arien, wie's eben kommt, und sie singen das alles mit jener unzerstörbaren englischen Zähigkeit, fünf volle Stunden hindurch...«

In der King Street, in die wir jetzt nach links einbiegen, lebten im 18. Jahrhundert viele Prominente aus der Welt des Theaters und der Politik. Auch der typisch englische Einrichtungsstil wurde von dieser Straße aus geprägt, als im 18. Jahrhundert eine wohlhabende Dame zum erstenmal Mahagoni für ihre Wohnung verarbeiten ließ und damit eine Welle der Begeisterung für das rotbraune Holz auslöste.

Auf der linken Straßenseite, gegenüber von No. 37, führt ein enger Durchgang in den Kirchhof von St. Paul's.

❾ St. Paul's Churchyard und Innenbesichtigung der Kirche

Zu den Wundern Londons gehören die kleinen, abgelegenen Winkel, in denen man – oft nur wenige Schritte vom Touristentrubel entfernt – geradezu dörfliche Ruhe genießen kann. Dieser liebevoll gepflegte Garten ist einer davon, denn an seinen unscheinbaren Zugängen strömen die Covent Garden-Besucher achtlos vorbei.

Hier liegt auch der Eingang von St. Paul, der »Hauskirche« von Londons Theatervolk. In dem vornehm schlicht ausgestatteten Saal finden wir buchstäblich überall Gedenkinschriften für die Großen der englischen Bühne aus drei Jahrhunderten und andere Künstler wie den Maler William Turner, der 1775 hier getauft wurde (linke Wand unter der Orgelempore). Zwischen dem ersten und zweiten Fenster links hängt eine Tafel zu Ehren des Komponisten Thomas Arne (s. S. 82), geschmückt mit den ersten Takten seiner berühmten Arie *Rule, Britannia* aus der Masque *Alfred* (1740). An der gegenüberliegenden Wand wird an Charles Macklin, einen großartigen Shakespeare-Darsteller des 18. Jahr-

**Thomas Augustine Arne.
Stich nach Bartolozzi, um 1760**

hunderts, erinnert. Der beste Shylock seiner Zeit starb 1797 im Alter von 107 Jahren.

Wir kehren zur King Street zurück und gehen nach links weiter.

⑩ Das Geburtshaus von Thomas Augustine und Susanna Arne 31 King Street

Was tut ein besorgter Vater, wenn der Sohn unbedingt Musiker werden will, statt dereinst die gutgehende Polsterwerkstatt zu übernehmen? Natürlich – er verbietet ihm das Üben. Doch der ebenso begabte wie gewitzte Knabe Thomas Augustine Arne, geboren am 12. März 1710, fand immer wieder Mittel und Wege, um seiner Leidenschaft nachzugehen, und durfte schließlich auf die Fürsprache des Violinvirtuosen Michael Festing hin Musik studieren. Prompt begann er, seinen Geschwistern Susanna Maria (geb. 1714) und Richard Gesangsstunden zu geben, um mit ihnen zusammen im Theater aufzutreten. Der inzwischen bekehrte Papa unterstützte sie dabei als Manager.

Schauspielmusik und Masques, eine spezielle englische Art von Singspielen, machten Arne auch als Komponisten bald bekannt; seinen größten Erfolg errang er allerdings erst 1762 mit der Oper *Artaxerxes*. Wenn auch die meisten seiner Werke den wiederholten Theaterbränden zum Opfer gefallen oder schlicht in Vergessenheit geraten sind, so führt doch das ungebrochen populäre *Rule, Britannia* immer wieder Arnes eingängige Melodik vor, die von den Zeitgenossen so bewundert wurde. Er starb in seiner Wohnung an der Covent Garden Piazza am 5. März 1778.

Susanna Marias Karriere als Sängerin mündete in einen Skandal, den kein Komödienschreiber besser hätte erfinden können: Ihre Ehe mit dem Schauspieler Theophilus Cibber war keineswegs glücklich, und so gab sie den Avancen des jungen Landadeligen John Sloper nach. Cibber kam dahinter – und erlaubte seinem Nebenbuhler, Susanna gegen regelmäßige Bezahlung weiterhin zu treffen. Als Sloper jedoch mit Susanna durchbrannte, versuchte Cibber ihn unter dem Gelächter von ganz London auf Schadensersatz zu verklagen. Der gehörnte Ehemann verlor, aber Susanna scheute nun die Öffentlichkeit und flüchtete sich auf Slopers Landsitz in Berkshire. Erst einige Jahre später trat sie 1741 in Dublin wieder auf und wirkte dort auch bei der Uraufführung von Händels *Messiah* mit. Nach London zurückgekehrt, wechselte sie zur Schauspielbühne über, sang aber auch weiterhin in Händels Oratorien. Obwohl ihre Stimme »dünn wie ein Faden« (so Charles Burney) gewesen sein soll, schätzte Händel sie sehr, vor allem wegen der ergreifenden Art ihres Vortrags, und besuchte sie oft. Zwischen ihren Engagements kehrte Susanna immer wieder zu John Sloper und den gemeinsamen Kindern aufs Land zurück; sie starb 1766 als berühmte Tragödin und wurde im Kreuzgang von Westminster Abbey beigesetzt.

Susanna Cibber, geb. Arne. Ölgemälde von Thomas Hudson, vor 1749

Am Ende der King Street geht es geradeaus weiter in die New Row, dann in die erste Querstraße auf der linken Seite, Bedfordbury. Hier stehen wir vor zwei schmalen Häusern aus dem 18. Jahrhundert mit alten, gebogenen Ladenfenstern. Zwischen ihnen führt ein enger Durchgang (bezeichnet durch eine Plakette des Silver Jubilee Walkway im Pflaster) in eine Hinterhofgasse: Goodwin's Court mit seiner Häuserzeile aus dem 18. Jahrhundert ist einer der letzten überlebenden byways, *ehemalige Ladenpassagen, die noch vor wenigen Jahrzehnten zu Hunderten die Stadt durchzogen. Sie endet an der St. Martin's Lane, die wir überqueren, um in den schräg links gegenüberliegenden Cecil Court zu gelangen. Hier stehen wir in einer anderen reizenden kleinen Fußgängerstraße, deren Betreten für Liebhaber von alten Büchern und Kupferstichen gefährlich werden kann. Über einem Buchantiquariat liegt, leider noch nicht durch eine Plakette gekennzeichnet, eine der Londoner Mozart-Stätten.*

⓫ Die Wohnung der Familie Mozart (1764) 19 Cecil Court

Obwohl die Hausfassaden im 19. Jahrhundert ein einheitliches Gesicht erhielten, dürfte die anheimelnde Atmosphäre dieser Fußgängerstraße sich kaum verändert haben, seit die Mozarts auf ihrer großen Konzerttournee durch Europa von April bis August 1764 hier Station machten (danach zogen sie innerhalb Londons mehrfach um). Vater Leopold, stets auf äußerste Sparsamkeit bedacht, fand im Haus No. 19 bei dem Friseur Mr. Cousin die gesuchten preiswerten Gästezimmer. »Die Stadt, die sehr schön ist«, und die Bauart der Wohnhäuser beeindruckten ihn sehr, wie er seinem Hauswirt und Brieffreund Hagenauer nach Salzburg berichtete. Leopolds größte Bewunderung erregten allerdings »die Pferde! die schönen englischen Pferde! wenn ich hundert englische Pferde zu Calais stehen hätte, die meine wären, so hätte ich schon genug«.

Zu Leopolds Bildungsplan für seine Kinder gehörte es auch, ihnen alle Sehenswürdigkeiten ihrer Tourneestationen zu zeigen. Was dem achtjährigen Wolfgang am besten gefiel, wissen wir nicht. Für seine fünf Jahre ältere Schwester Nannerl war der königliche Tiergarten wohl der Höhepunkt des England-Besuchs: »London – habe ich gesehen den park und ein jungen Elephanten, einen esel, der hat weis und cafebraune striche und so gleich, das man es nicht beser mahlen könnte«, hielt sie in ihrem Reisetagebuch fest. Und natürlich zeigte Papa ihr auch »Westminsterkirch, Tower, Richmond, kiw [Kew Gardens], westminster hall, britisch mauseum, St. Paulkirch« und das »foundling hospital«, wo Wolfgang vielleicht sogar die von Händel gestiftete Orgel spielte (s. S. 98).

Zwei der weiteren Quartiere der Familie Mozart lagen in der Ebury Street, Chelsea (No. 180, auf der Höhe des Ebury Square), wo Wolfgang im August 1764 seine erste Sinfonie komponierte, und in der Frith Street, Soho (s. S. 62).

Wir kehren wieder zur St. Martin's Lane zurück und wenden uns nach rechts. Auf der gegenüberliegenden Straßenseite zieht ein Jahrhundertwende-Prachtbau mit einem kuriosen Turm alle Blicke auf sich: Es ist der steingewordene Traum eines ehrgeizigen Theaterunternehmers.

⓬ Coliseum Theatre/ English National Opera St. Martin's Lane

1904 baute Frank Matcham für den Impresario Oswald Stoll das größte, modernste und prunkvollste Theater, das England bis dahin gesehen hatte. Es besaß und besitzt noch heute das größte Auditorium (2354 Plätze) und die größte Bühne von London, war als erstes Theater in England mit einer Drehbühne ausgerüstet und bot den Besuchern den sensationellen Komfort von Fahrstühlen. Diese technischen Superlative im Verein mit der luxuriösen Innenausstattung rechtfertigten nach der Meinung seines Besitzers den stolzen Namen: Das grandiose Haus sollte im modernen London dieselbe Rolle spielen wie das Amphitheater Kaiser Vespasians im antiken Rom! Stolls Programme waren von ganz unterschiedlichem Charakter, aber stets von bester Qualität. Hier traten neben den größten Opernstars auch Sarah Bernhardt und der Clown Grock auf, hier gab Diaghilev mit seinem berühmten russischen Ballett mehrere Gastspiele vor ausverkauftem Haus. Fast noch größer war der Erfolg des *Weißen Rößl* (»The White Horse Inn«) und anderer verschwenderisch inszenierter Operetten, die von 1931 an in englischer Bearbeitung gespielt wurden. Das Schicksal des Hauses schien besiegelt, als es wegen wirtschaftlicher Probleme 1961 zum Kino umgebaut wurde. 1968 kehrte jedoch mit der 1935 gegründeten, aus dem Old Vic hervorgegangenen Sadler's Wells Opera das Musiktheater wieder ins Coliseum zurück. In English Na-

Sergej Diaghilev. Porträt von Léon Baskt, 1905 (Ausschnitt)

tional Opera (ENO) umbenannt, entwickelte sich das Unternehmen (mit stets englisch gesungenen Aufführungen) zum zweiten Opernhaus Londons. Dirigenten wie Charles Mackerras und Simon Rattle haben zusammen mit einem erstklassigen englischen Ensemble dafür gesorgt, daß viele Musikfreunde der ENO mit ihrem breitgefächerten und auch für die Moderne offenen Repertoire den Vorzug vor Covent Garden geben.

Am Ende der Straße ist schon der Portikus von St. Martin-in-the-Fields (s. S. 41) zu sehen. Bei der Kirche kommen wir auf den Trafalgar Square; linker Hand führt die Duncannon Street zum Bahnhof Charing Cross (U-Bahn-Station).

»A Musical Party«.
Gemälde von William Hogarth, 1731

Fünfter Spaziergang
Von Staple Inn zur neuen British Library – Musikgelehrte und ein Kapitän

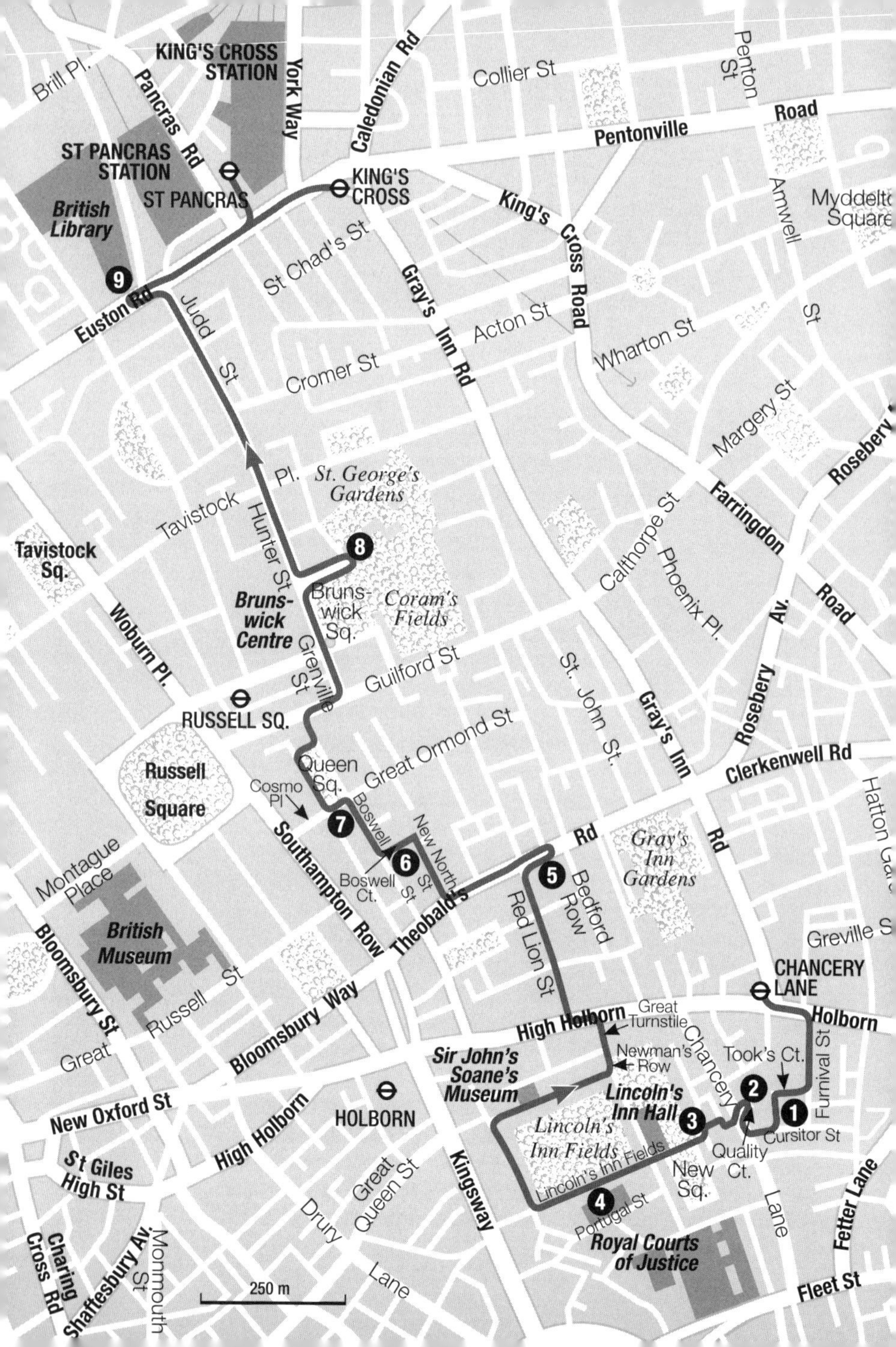

KING'S CROSS STATION
ST PANCRAS STATION
ST PANCRAS
KING'S CROSS
British Library
Brill Pl.
Pancras Rd
York Way
Caledonian Rd
Collier St
Penton St
Pentonville Road
Amwell St
Myddelton Square
King's Cross Road
St Chad's St
Gray's Inn Rd
Euston Rd
Judd St
Acton St
Wharton St
Cromer St
Margery St
Rosebery Av.
Tavistock Pl.
Hunter St
St. George's Gardens
Farringdon Road
Calthorpe St
Phoenix Pl.
Tavistock Sq.
Woburn Pl.
Brunswick Centre
Brunswick Sq.
Coram's Fields
Grenville St
Guilford St
RUSSELL SQ.
Great Ormond St
St. John St.
Gray's Inn Rd
Clerkenwell Rd
Hatton Garden
Russell Square
Queen Sq.
Cosmo Pl
Boswell St
Boswell Ct.
New North St
Southampton Row
Theobald's Rd
Red Lion St
Bedford Row
Gray's Inn Gardens
Montague Place
British Museum
Bloomsbury St
Great Russell St
Bloomsbury Way
Greville St
CHANCERY LANE
Holborn
High Holborn
Great Turnstile
Newman's Row
Sir John's Soane's Museum
Lincoln's Inn Hall
Chancery Lane
Took's Ct.
Furnival St
Cursitor St
Quality Ct.
New Sq.
Lincoln's Inn Fields
Portugal St
Royal Courts of Justice
New Oxford St
High Holborn
HOLBORN
St Giles High St
Great Queen St
Kingsway
Drury Lane
Fetter Lane
Fleet St
Charing Cross Rd
Shaftesbury Av.
Monmouth St
250 m
1
2
3
4
5
6
7
8
9

Auf diesem Spaziergang, der uns von Holborn in nordwestlicher Richtung nach Bloomsbury und zur neuen British Library in St. Pancras bringen wird, besuchen wir eine der »Inns of Court« (samstags und sonntags geschlossen!), um dann am ehemaligen Standort eines berühmten Theaters vorbei zum Findelkinderhaus des Kapitän Coram zu gehen. Unterstützt von Händel und vielen anderen Künstlern, bildete es die erste große soziale Einrichtung zur Unterbringung von Kindern, die sonst in den Straßen Londons hätten betteln und stehlen müssen. Auf dem Weg dorthin lernen wir Straßen und Plätze kennen, an denen einige der bedeutenden musikalischen Zeitgenossen Händels wohnten. Daneben begegnen uns eine bemerkenswerte Frau – Sängerin und Theaterdirektorin – und der erste anerkannte schwarze Komponist, der trotz seiner musikalischen Erfolge und seines Einsatzes für die Gleichberechtigung heute fast vergessen ist.

Der Spaziergang beginnt bei der U-Bahn-Station Chancery Lane. Aus dem Untergrund aufgetaucht, steht man direkt vor einem langgestreckten Haus mit beeindruckender Fachwerkfassade. Es ist Staple Inn (1589), einst das Versammlungshaus der Wollhändler und mittlerweile das einzige noch bestehende von Hunderten ähnlicher Tudor-Bauwerke (Innenhof zugänglich). Wir biegen an der linken Seite des Gebäudes in die Querstraße Furnival Street ein. Nach etwa 100 Metern zweigt rechts die kleine Straße Took's Court ab, wo wir an einer Gruppe sehr gut erhaltener Wohnhäuser aus dem frühen 18. Jahrhundert vorbeikommen. Wieder geht es rechtsherum, in die Cursitor Street.

❶ Die ehemalige Wohnung von Lucia Elizabeth Vestris Cursitor Street

In dieser kleinen Straße, weitab vom »Theaterland«, lebte um 1825 die gefeierte Mezzosopranistin Lucia Elizabeth Vestris (1797–1856). Zwischen 1820 und 1830 errang die schöne, mit einem ebenfalls berühmten Tänzer verheiratete Halbitalienerin am King's Theatre ihre größten Erfolge als Rossini-Interpretin, schränkte dann jedoch ihre Bühnenauftritte ein und konzentrierte sich auf das Theater-Management. Mit ihrem zweiten Ehemann Charles Mathews zusammen leitete sie, künstlerisch und geschäftlich erfolgreich, das Covent Garden-Opernhaus (1839–1842) und das Lyceum Theatre (1847–1855). Diese Leistung wurde jedoch nicht allgemein anerkannt; statt dessen warf der zeitgenössische Musikkritiker Henry Chorley ihr vor, sie hätte nicht genügend Energie besessen, um ihre Stimme zu vervollkommnen, und sei deshalb auf die »weniger mühsame« Direktionstätigkeit ausgewichen!

Am Ende der Cursitor Street biegen wir nach rechts in die Chancery Lane ein, wo wir nach etwa 50 Metern im Haus No. 46/47 den Eingang zum Quality Court finden.

William Boyce. Stich von J. K. Sherwin, 1788

❷ Die ehemalige Wohnung von William Boyce Quality Court

Als der vielseitige Komponist, Organist und Musikhistoriker William Boyce (1711–1779) kurz vor seiner Heirat im Jahr 1748 hierher zog, lag der Hof noch nicht im Schatten des englischen Patentamtes, das inzwischen das gesamte angrenzende Karree eingenommen hat. Da Quality Court mehrfach umgebaut wurde, läßt sich nicht mehr genau feststellen, wo Boyces Wohnung lag. 1736 war er zum offiziellen Komponisten der Chapel Royal ernannt worden, doch der große Erfolg stellte sich erst 1749 ein, als David Garrick ihn bat, Schauspielmusik für das Drury Lane Theatre zu schreiben. Schon die zweite gemeinsame Produktion, das Singspiel *The Chaplet*, gewann dank Boyces eingängiger Melodien enorme Popularität. Daß er nicht nur den galanten, sondern auch den spätbarocken Stil meisterlich beherrschte, bewies er mit zahlreichen Psalmvertonungen und Dutzenden von Oden für den Königshof. Als zunehmende Schwerhörigkeit ihn zwang, sich aus dem aktiven Musikleben zurückzuziehen, beschäftigte er sich um so intensiver mit der englischen Musikgeschichte und publizierte unter dem Titel *Cathedral Music* eine großartige Sammlung von Werken aus dem 17. und frühen 18. Jahrhundert. Sie war es, die den Namen Boyce nicht ganz in Vergessenheit geraten ließ, während seine frischen, originellen Lieder und Ouvertüren bis in unsere Zeit auf ihre Wiederentdeckung warten mußten. Dem Komponisten, der von den Zeitgenossen geliebt und verehrt wurde, war nicht am Nachruhm gelegen: »Einen bescheideneren Menschen als Dr. Boyce habe ich niemals kennengelernt«, schrieb Charles Wesley über ihn. Es war ein Zeichen dieser Hochachtung, daß Boyce unter dem Gesang der vereinten Chöre von St. Paul's und Westminster Abbey und der Chapel Royal am 16. Februar 1779 in der Krypta von St. Paul's Cathedral beigesetzt wurde.

Schräg links gegenüber vom Ausgang des Quality Court sehen wir schon das Torhaus von Lincoln's Inn. Der Durchgang führt uns an der Kapelle (1623, mit einer offenen Krypta) und der Old Hall (1492; kann besichtigt werden, wenn keine Veranstaltungen stattfinden) vorbei auf einen offenen Platz. Linker Hand liegt der New Square, rechts vor uns erhebt sich die imposante New Hall (1843–45), in der sich die älteste, 1497 gegründete Londoner Bibliothek befindet.

❸ Lincoln's Inn

Auch in dieser um 1340 gegründeten »Inn of Court« wurden im 16. und 17. Jahrhundert Musik, Tanz und Schauspiel gepflegt. Die Juristen von Lincoln's Inn erhoben sogar einen professionellen Komponisten, den Hofmusiker Richard Edwards (1524–1566), zum Ehrenmitglied ihrer Gemeinschaft – zweifellos mit dem Hintergedanken, seine beliebten Tragikomödien mit Musikeinlagen aufführen zu dürfen. Einige Jahrzehnte später legte der in Lincoln's Inn zugelassene Anwalt Sir Nicholas L'Estrange ein Manuskript mit Masque-Tänzen an, das heute die Hauptquelle für die Musik der Weihnachts- und Neujahrsfeste der Inns of Court bildet. Es war dabei üblich, daß die Juristen zuerst einen Tanz in phantasievoller Kostümierung vorführten und dann die Zuschauer zum Mittanzen aufforderten. Nach einigen Sololiedern und Spielszenen bildete ein Tanz mit geometrischen Figurationen den Abschluß. Der letzte Beleg für ein derartiges Tanzvergnügen stammt aus dem Jahr 1733.

Wir setzen unseren Weg zwischen New Square und New Hall fort, durchqueren wieder ein Tor und stehen nun auf Lincoln's Inn Fields, dem größten Platz von Zentral-London. Er wurde um 1640 angelegt.

Das Lincoln's Inn Theatre. Aquarell von George Shepherd, 1811

Unsere Route führt an seiner Südseite entlang. Wo sich linker Hand zwischen Lincoln's Inn Fields und Portugal Street der Gebäudekomplex des Royal College of Surgeons ausbreitet, stand bis vor 150 Jahren eines der ehemals berühmtesten Theater von London.

❹ Das ehemalige Lincoln's Inn Fields Theatre Lincoln's Inn Fields (heute Royal College of Surgeons)

In einer umgebauten Tennishalle eröffnete William D'Avenant 1660 das erste Londoner Theater mit beweglicher Szenerie. Hier trat Thomas Betterton in seiner Paraderolle als Hamlet auf, die er von 1661 bis 1709 spielte. Noch dreißig Jahre nach seinem Tod erinnerte sich ein Augenzeuge lebhaft an die Szene, »wie er im Angesicht von seines Vaters Geist von dem heftigen und plötzlichen Gefühl des Staunens und Entsetzens augenblicklich fahl wie sein Halstuch wird, wie jeder Teil seines Körpers von einem unaussprechlichen Beben ergriffen wird ... und als Hamlet diesen Satz sagt, da der Geist die Bühne verläßt... ›Ha, seht nur hin! Seht, wie er weg sich stiehlt! ... Seht, wie er eben zu der Tür hinausgeht!‹: so verstummt das ganze Publikum für beinahe eine Minute in tiefstem Schweigen, und dann, als ob sich alle mit einem Mal ganz von ihrem Erstaunen erholten, fallen sie wie ein Mann zusammen in allgemeinen donnernden Applaus.«

Neben den Schauspielen kamen zahlreiche Masques mit Musik von John Eccles (um 1668–1735) zur Aufführung. Dieser heute fast gänzlich vergessene Komponist war auf dem besten Weg, die englische Purcell-Tradition und den italienischen Opernstil zu einer eigenständigen englischen Oper zu verschmelzen. Seine *Semele* (1705/06?) hätte das erste, wegweisende Werk in dieser Art sein können, doch ihre Produktion verzögerte sich und wurde schließlich ganz abgesetzt. Enttäuscht zog Eccles sich daraufhin nach Hampton Wick an die Themse zurück, schickte nur noch sporadisch neue Stücke per Kurier nach London und widmete sich für den Rest seines Lebens der Angelkunst.

John Rich, ein gefeierter Harlekin und Pantomime, übernahm 1714 das inzwischen umgebaute und vergrößerte Theater. Als er vierzehn Jahre später *The Beggar's Opera* von John Gay und Johann Christoph Pepusch herauszubringen wagte, ahnte er wohl nicht, daß diese Satire auf die feine britische Gesellschaft und die italienische Oper augenblicklich zu einem Riesenerfolg und zu einem der meistgespielten Stücke in der englischsprachigen Welt werden sollte. Doch die Beliebtheit dieser Unterwelt-Revue trug zum Niedergang des Lincoln's Inn Fields-Theaters bei: Rich erbaute nämlich mit seinem Gewinn das Covent Garden-Opernhaus und vermietete sein altes Theater nach 1732 an verschiedene Gesellschaften (darunter auch der mit Händel konkurrierenden Opera of the Nobility). Händel selbst gab 1739 eine Serie von Konzerten und Oratorienaufführungen; seine beiden letzten Opern, *Imeneo* und

»The Beggar's Opera«. Stich von William Hogarth, 1728

Deidamia, erlebten hier 1740 und 1741 ihre Premieren – und endeten nach zwei bzw. drei Vorstellungen als Fehlschläge. Danach fanden noch gelegentlich Bälle und Konzerte im Theater statt, bevor es 1756 in eine Kaserne, später in ein Porzellanlager umgewandelt und 1848 abgerissen wurde, um für den Ausbau des Royal College of Surgeons Platz zu schaffen.

Wir setzen unseren Weg auf der Westseite von Lincoln's Inn Fields fort und kommen dabei an dem einzigen verbliebenen Haus (Nr. 59/60) aus der Entstehungszeit der Anlage vorbei. Der Entwurf stammt von Inigo Jones oder einem seiner Schüler. Über dem eisernen Geländer stehen noch drei Halterungen, die im 18. Jahrhundert große Öllampen trugen.

Durch die Grünanlage mit dem Konzertpavillon im Mittelpunkt oder auf der Straße an der Nordseite des Platzes (wo das sehr sehenswerte Sir John Soane's Museum liegt) gehen wir wieder auf Lincoln's Inn zu. Vor dem Ju-

risten-Viertel biegen wir links in die Newman's Row ein und erreichen durch den Great Turnstile die Hauptstraße High Holborn. Hier geht es kurz linksherum und gleich wieder nach rechts in die Red Lion Street. Sie führt zur Theobald's Road, wo wir uns nach rechts wenden und an einigen Ladengeschäften vorbei zu einem Haus kommen, das einen kleinen Giebel mit der Jahreszahl 1879 trägt.

❺ Das ehemalige Geburtshaus von Samuel Coleridge-Taylor 15 Theobald's Road

Der Sohn eines Arztes aus Sierra Leone und einer Engländerin, der im Vorgänger dieses Gebäudes am 15. August 1875 zur Welt kam, ist heute kaum noch bekannt, obwohl er als erster anerkannter schwarzer Komponist eine signifikante Gestalt in der englischen Musikgeschichte darstellt. Gefördert von Stanford und Elgar (der ihn als den »weit und breit klügsten Burschen unter den jungen Leuten« bezeichnete), machte er sich zwischen 1898 und 1900 mit einem mehrteiligen, hochromantischen Chor- und Orchesterwerk nach Longfellows Dichtung *Hiawatha* einen Namen. Der »schwarze Mahler«, der trotz seiner Erfolge immer wieder Benachteiligungen wegen seiner Hautfarbe erlebte, setzte sich tatkräftig für die Emanzipationsbewegung der Schwarzen in den Vereinigten Staaten ein und schrieb etliche Werke über afrikanische Themen, z.B. das Orchesterstück *Toussaint l'Ouverture* (1901) zu Ehren des als Sklave geborenen Rebellenführers. Reisen in die USA, wo 1901 eine Chorgemeinschaft für schwarze Sänger nach ihm benannt wurde, Engagements als Dirigent und vielfältige Lehrverpflichtungen erschöpften Coleridge-Taylor jedoch frühzeitig; er starb 1912, kurz nach seinem siebenunddreißigsten Geburtstag, an Überanstrengung.

Samuel Coleridge-Taylor, um 1901

Jetzt gehen wir auf der Theobald's Road in die Richtung zurück, aus der wir von der Red Lion Street her gekommen sind, und weiter. Auf der rechten Seite zweigt nach etwa 200 Metern die New North Street ab, durch die wir in die kleine Straße Boswell Court gelangen. Hier lebte im 18. Jahrhundert ein Komponist, der wie Händel aus Deutschland stammte und in England sein Glück machte.

John Christopher Pepusch.
Stich nach einem Gemälde von Thomas Hudson, um 1740

❻ Die ehemalige Wohnung von Johann Christoph Pepusch Boswell Court

Schon in jungen Jahren fand der Pastorensohn Johann Christoph Pepusch (1667–1752) eine Anstellung als Musiker am preußischen Königshof in Berlin. Als er mitansehen mußte, wie ein Offizier wegen Insubordination ohne Gerichtsverfahren exekutiert wurde, beschloß er, »sich unter den Schutz einer Regierung zu stellen, die auf besseren Prinzipien gegründet war« – so der Musikhistoriker Hawkins. Pepusch kam 1704 in London an und fand hier, was er suchte. Bald spielte er als Cembalist und Theaterkomponist eine so bedeutende Rolle, daß die Universität Oxford ihm 1713 den Titel eines Doktors der Musik verlieh und der Duke of Chandos (ein Mäzen Händels) ihn zu seinem Musikdirektor ernannte. Kurz nachdem Pepusch mit der *Beggar's Opera* (1728) seinen größten Erfolg gefeiert hatte, verließ er jedoch den herzoglichen Haushalt, weil finanzielle Schwierigkeiten zur Einschränkung der Musik führten. Als gesuchter Lehrer konnte er es sich leisten, in den letzten zwanzig Jahren seines Lebens historische Studien zu treiben und die Arbeit der von ihm mitgegründeten Academy of Ancient Music zu organisieren. In Boswell Court (die Hausnummer ist unbekannt) lebte er von 1707 bis 1735.

Ein Hausdurchgang führt uns von Boswell Court auf die Boswell Street hinaus. Wir halten uns rechts, bis wir zum Queen Square kommen. Linker Hand, an der unteren Schmalseite des Platzes, finden wir zwei dunkelbraune Backsteinhäuser aus dem 18. Jahrhundert mit sehr schönen Eingangstüren (jetzt Mary Ward Centre). Im linken Haus lebte im 18. Jahrhundert ein Musikschriftsteller, dessen Schriften heute kostbare Dokumente des Musiklebens seiner Zeit darstellen.

❼ Das ehemalige Wohnhaus des Musikhistorikers Dr. Charles Burney 42 Queen Square

Noch viele Jahrzehnte nach der Bebauung des Platzes (1708–1720) war dessen Nordseite offen, so daß man von den Häusern auf der Südseite aus den Blick auf die Hügel von Hampstead und Highgate genießen konnte.

Als Dr. Charles Burney (1726–1814) im Dezember 1770 hier einzog, arbeitete er an einem Buch über seine erste große Reise in Sachen Musik, das 1771 als *The Present State of Music in France and Italy* erschien. Gleichzeitig bereitete er schon die nächste Fahrt vor, die ihn 1772 in die Niederlande, nach Deutschland und nach Österreich führen sollte. Überall wurde Burney von der musikalischen Prominenz mit Hochachtung empfangen: in Wien diskutierte er mit Johann Adolf Hasse und Christoph Willibald Gluck, in Potsdam durfte er dem Flötenspiel Friedrichs des Großen zuhören, und in Hamburg schloß er Freundschaft mit Carl Philipp Emanuel Bach. Ein Jahr später veröffentlichte er *The Present State of Music in Germany, the Netherlands, and the United Provinces*; von 1776 an folgte – in Konkurrenz zu Hawkins (s. S. 123 f.) – die dreibändige *General History of Music.*

Trotz seiner enormen Arbeitsbelastung (er besuchte bis zu fünfzig Schüler pro Woche und unterrichtete zwölf Stunden täglich) fand Burney Zeit dazu, Besucher zu empfangen und musikalische Abendgesellschaften zu geben. Kurz vor seiner zweiten Europareise war ein anderer berühmter Reisender, nämlich Kapitän James Cook, bei ihm zu Gast. Burneys Sohn James begleitete den Weltumsegler auf zwei seiner großen Fahrten.

Wenn wir auf der Westseite von Queen Square weitergehen, können

Sonntagskonzert bei Dr. Burney, der sich mit einer Besucherin unterhält (vorne rechts). Karikatur von 1782

wir gleich links einen Blick in die reizende kleine Straße Cosmo Place werfen. Vom Nordende des Platzes aus erreichen wir durch einen Fußgängerweg die Guilford Street, folgen ihr nach rechts und nehmen die erste Seitenstraße links, Grenville Street. Vor uns liegt nun die Grün- und Sportanlage Coram's Fields. Wir gehen auf das dunkle Backsteingebäude im Hintergrund (School of Pharmacy) zu. Rechts neben diesem Block liegt unsere nächste Station.

❽ Foundling Hospital Art Gallery & Museum 40 Brunswick Square

Als Kapitän Thomas Coram (1668–1751) nach vielen Jahren auf See und in Nordamerika sich in London niederließ, war er entsetzt über den Anblick der vielen von ihren Eltern verlassenen, hungernden und kranken Kinder, »die man auf den Kehrichthaufen sterben ließ«. Zunächst versuchte Coram allein, Hilfe zu leisten. Es dauerte siebzehn Jahre, bis er 1739 einundzwanzig »Ladies of Nobility and Distinction« und eine Gruppe von Adeligen zur Gründung eines Findelkinderhauses um sich gesammelt hatte. Vorerst wurden die Kinder in einem Behelfsquartier untergebracht, aber schon 1742 begannen die Bauarbeiten für ein großes Haus in Coram's Fields. 1745 fand die Einweihung statt. Die meisten Kinder wurden als Säuglinge von alleinstehenden Müttern abgegeben; sie kamen dann für einige Jahre zu Pflegeeltern aufs Land und kehrten zur Schulausbildung nach

Kapitän Thomas Coram. Ölgemälde von William Hogarth, 1739

London zurück. Mädchen und Jungen lebten strengstens voneinander getrennt in verschiedenen Flügeln des Hauses und durften nur zu Weihnachten gemeinsam die Kirche besuchen – sogar der Friedhof besaß zwei separate Abteilungen. Ziel der Erziehung war es, den Kindern den Erwerb eines bescheidenen Lebensunterhaltes zu ermöglichen: mit vierzehn gingen die Jungen in eine Lehre und später meist zum Militär, während die Mädchen als Zofen Anstellung suchten.
William Hogarth, der mit Coram befreundet war und zu den Verwaltern der Stiftung gehörte, brachte viele seiner Malerkollegen dazu, dem Hospital Gemälde zu schenken und in seinen Räumen Ausstellungen zu ver-

anstalten. So entstand eine kleine Kunstsammlung, die wiederum viele Besucher anlockte und wesentlich zum Unterhalt der Kinder beitrug. Doch kein Künstler hat so viel für das Findelkinderhaus getan wie Händel: ebenfalls Mitglied des Verwaltungsrates, veranstaltete er 1749 ein großes Benefizkonzert, stiftete eine Orgel und führte von 1750 an sein Oratorium *Messiah* regelmäßig in der Kapelle auf, wobei jedesmal mehrere hundert Pfund Sterling in die Kasse der Stiftung flossen. Auch nach Händels Tod wurde diese Tradition fortgesetzt (1759 bis 1768 durch seinen Assistenten John Christopher Smith d. J., der seit 1754 den unbezahlten Organistendienst am Hospital versah), und noch heute findet an Händels Geburtstag im Februar ein Festkonzert statt.

Einige Händel-Erinnerungsstücke können ebenso wie Gemälde von Hogarth, Gainsborough, Reynolds und Ramsay im Museum besichtigt werden (mo – fr, 10–16 Uhr). Das Gebäude entstand zwar erst, nachdem das Findelkinderhaus 1926 nach Redhill (später nach Berkhamsted) verlegt worden war und man den alten Komplex einschließlich der Kapelle abgerissen hatte, doch einige der originalen Innenräume – darunter der schöne Court Room – blieben erhalten und wurden in das neue Haus inkorporiert. Händels Orgel und das Grab von Thomas Coram haben ihren Platz in der Kirche St. Andrew, Holborn, gefunden (s. S. 108ff.).

Vor dem Haus steht eine Bronzestatue des Gründers von William Macmillan

Das Foundling Hospital. Anonyme Radierung, um 1750

(1963). Ihr Vorbild ist Hogarths Coram-Porträt in der Galerie, von dem der Maler sagte, er habe es »mit dem größten Vergnügen gemalt« und dabei »ganz besonders Gutes« leisten wollen.

Vom Foundling Hospital gehen wir an der School of Pharmacy vorbei auf das häßliche Brunswick Centre an der Westseite des Brunswick Square zu und biegen vor diesem Einkaufszentrum nach rechts in die Hunter Street (später Judd Street) ab. Sie führt geradewegs auf den gewaltigen Baukomplex der neuen englischen Nationalbibliothek zu.

❾ British Library, St. Pancras Euston Road

Mag das vieldiskutierte Backsteingebäude des Architekten Colin St. John Wilson von außen auch recht abweisend wirken, so bietet es seinen Benutzern im Innern doch schöne, mit modernster Technik ausgestattete Lesesäle und optimale Möglichkeiten, sich über die auf insgesamt etwa 300 Regalkilometern untergebrachten Bestände der Bibliothek zu informieren. Dazu gehört eine der bedeutendsten Musiksammlungen der Welt. Ein Teil ihrer Schätze (darunter sind die Originalhandschriften von Händels *Messiah* und Haydns Symphonie Nr. 103, Beethovens Skizzen zur *Pastorale*, Brahms' Autograph seiner *Zigeunerlieder*, Manuskripte von Britten, Schönberg, Berg, Stravinsky und Paul McCartney und der Kanon *Sumer is icumen in* aus dem 13. Jahrhundert als älteste bekannte Komposition mit englischem Text) kann in einem der Schauräume besichtigt werden.

Wer es bedauert, die alte British Library im British Museum nun gesperrt vorzufinden, sei auf ein paar Jahre vertröstet: Nach Grundrestaurierung und Umbau sollen der berühmte runde Lesesaal und die ehemalige King's Library als Museumsbibliothek und Kulturzentrum wiedereröffnet werden.

Nach dem Besuch der British Library wenden wir uns auf der Euston Road nach links und kommen am früheren Midland Grand Hotel (1868–1872 von Sir George Gilbert Scott erbaut) vorbei. Es wurde, wie der dahinterliegende Bahnhof St. Pancras, von der Midland Railway betrieben. Die Konkurrenzgesellschaft Great Nothern Railway unterhielt ein Hotel und den Bahnhof King's Cross auf dem Nachbargrundstück. Dort finden Sie auch die U-Bahn-Station King's Cross.

St. Paul's Cathedral, um 1948

Sechster Spaziergang Von St. Paul's Cathedral zum Temple – Musik in Kirchen und Tavernen

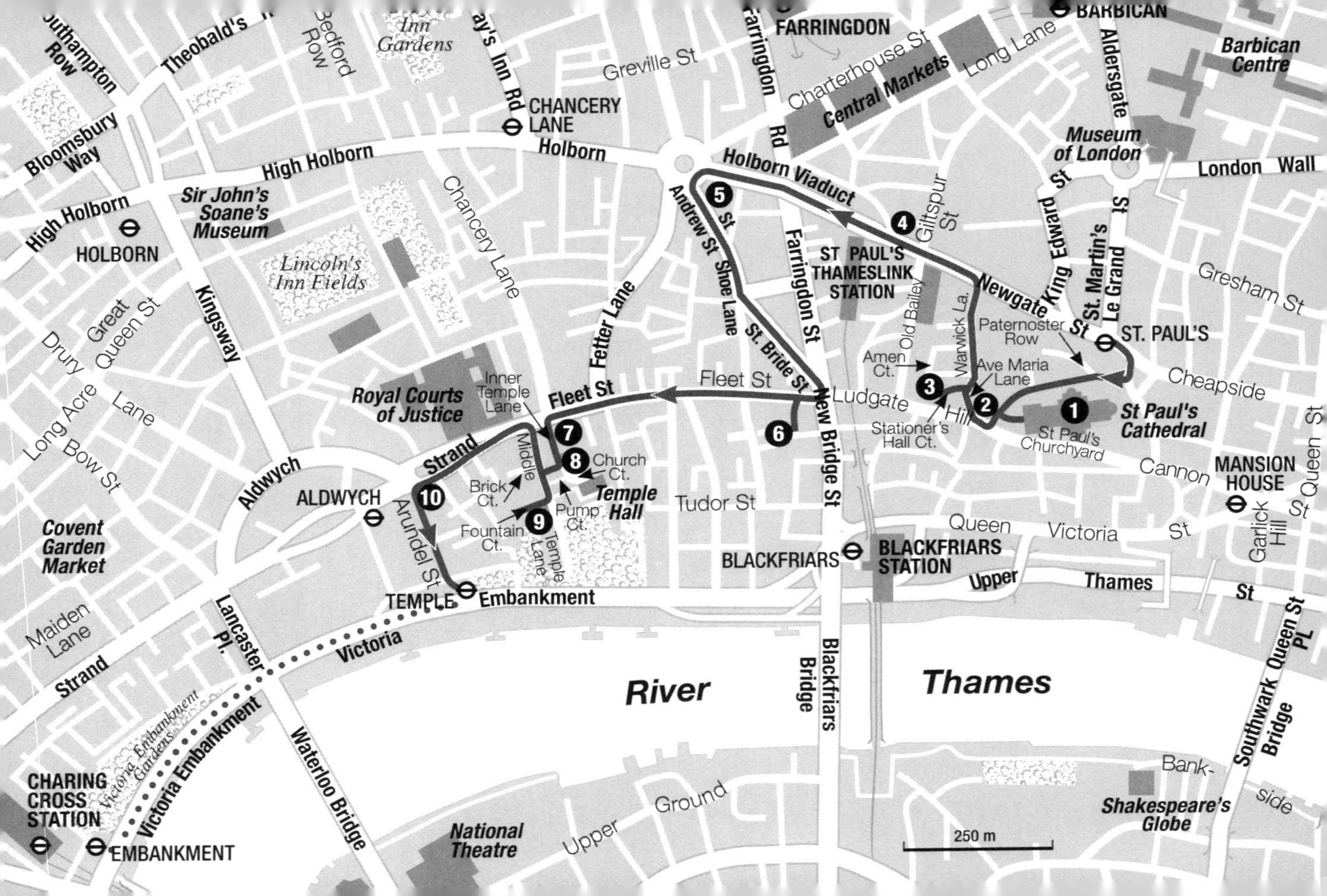

Bloomsbury Way
High Holborn
HOLBORN
Theobald's
Bedford Row
Inn Gardens
CHANCERY LANE
Greville St
Farringdon Rd
FARRINGDON
Charterhouse St
Central Markets
Long Lane
BARBICAN
Aldersgate
Barbican Centre
Museum of London
London Wall
Holborn
Sir John's Soane's Museum
Lincoln's Inn Fields
Chancery Lane
Kingsway
Great Queen St
Drury Lane
Long Acre
Bow St
Covent Garden Market
Maiden Lane
Strand
Aldwych
ALDWYCH
Royal Courts of Justice
Inner Temple Lane
Middle
Brick Ct.
Fountain Ct.
Temple Lane
Pump Ct.
Church Ct.
Temple Hall
Fleet St
Fetter Lane
Holborn Viaduct
Andrew St
Shoe Lane
St. Bride St
Farringdon St
New Bridge St
ST PAUL'S THAMESLINK STATION
Giltspur St
Old Bailey
Amen Ct.
Warwick La.
Ave Maria Lane
Stationer's Hall Ct.
Ludgate Hill
Newgate St
King Edward St
St. Martin's Le Grand
Paternoster Row
ST. PAUL'S
Gresham St
Cheapside
St Paul's Cathedral
St Paul's Churchyard
Cannon St
MANSION HOUSE
Garlick Hill
Queen St
Tudor St
Queen Victoria St
BLACKFRIARS
BLACKFRIARS STATION
Upper Thames St
Arundel St
TEMPLE
Embankment
Victoria Embankment
Lancaster Pl.
Waterloo Bridge
Blackfriars Bridge
River Thames
Southwark Bridge
Queen St Pl
Bank-side
Shakespeare's Globe
National Theatre
Upper Ground
Victoria Embankment Gardens
CHARING CROSS STATION
EMBANKMENT
250 m
1
2
3
4
5
6
7
8
9
10

Neben Westminster Abbey bildet die mindestens ebenso alte St. Paul's Cathedral seit dem Mittelalter ein Zentrum des Londoner Musiklebens. Die Kirche des Bischofs von London ist der Ort nationaler Gedenkfeiern und großer Festgottesdienste, dazu Begräbnisstätte der Helden Nelson und Wellington und – besonders für die ältere Generation – ein Sinnbild des Überlebens: Als der Osten Londons in der Nacht des 29. Dezember 1940 unter deutschen Brandbomben in einem Flammenmeer aufging, hielten die Dächer und die gewaltige Kuppel stand, gerettet durch den todesmutigen Einsatz freiwilliger Feuerwachleute.

Wiederaufbau und Umstrukturierung des städtischen Geschäftslebens haben die Umgebung der Kathedrale nachhaltig verändert, aber dennoch werden wir zwischen den modernen Bürokomplexen viele Zeugnisse des 17. und 18. Jahrhunderts entdecken. Darunter sind zwei Kirchen und ein Gildehaus, in denen die Londoner Musiker den Tag der hl. Cäcilia feierten bzw. heute noch feiern, der Prospekt einer von Händel gestifteten Orgel und das Grab von Kapitän Coram, der mit Hilfe vieler Künstler das erste Findelhaus (Foundling Hospital) der Stadt erbaute.

Auch der Arbeitsbezirk der Londoner Juristen im Temple zwischen Fleet Street und Themse-Ufer wurde 1940 bombardiert, erlitt allerdings keine so schweren Schäden wie die weiter östlich gelegenen Stadtteile. Ein Spaziergang durch die stillen Höfe, vorbei an der normannisch-gotischen Tempelritter-Kirche und der über 400 Jahre alten Middle Temple Hall, ist allemal ein Genuß – daß innerhalb der eigenartigen, abgeschlossenen Welt der Rechtsgelehrten auch Musik und Theater blühten, macht diese »Stadt in der Stadt« um so interessanter.

Der Weg endet, nur 1000 Meter in Luftlinie westlich von St. Paul's, vor einem Haus, in dessen Vorgänger 1732 Händels erstes Oratorium aufgeführt wurde. Damit begann ein neuer Abschnitt der englischen Musikgeschichte: Im Gegensatz zum Kontinent, wo die italienische Oper im 18. und 19. Jahrhundert die Vorherrschaft übernahm, entwickelte sich in England das Oratorium zur wichtigsten musikalischen Gattung.

Um nicht vor geschlossenen Kirchentüren zu stehen, sollten Sie auch diesen Spaziergang wochentags (montags – freitags, vor 16 Uhr) unternehmen; die Temple Church ist sogar nur mittwochs, donnerstags und freitags zugänglich. Ausgangspunkt ist die U-Bahn-Station St. Paul's.

❶ St. Paul's Cathedral

Ein Bischof namens Mellitus soll im 7. Jahrhundert die erste Kathedrale an dieser Stelle geweiht haben – errichtet wurde sie auf den Resten eines römischen Diana-Tempels. Fünfhundert Jahre später entstand Old St. Paul's, eine romanisch-gotische Kathedrale von größeren Ausmaßen als der heutige, 1675–1711 von Christopher Wren errichtete Bau. Beim ersten Gottesdienst in der noch unfertigen Kirche am 2. Dezember 1697 erklang Musik

Kirchenmusik in St. Paul's Cathedral, 1706. Die heute zweigeteilte Orgel steht noch auf dem im 19. Jahrhundert abgerissenen Lettner. Zeitgenössischer Stich

von Henry Purcell und John Blow. Georg Friedrich Händel dirigierte hier während eines Dankgottesdienstes für den Frieden von Utrecht am 7. Juli 1713 sein *Utrechter Te Deum*. Königin Anne gefiel das große Chorwerk so gut, daß sie dem Komponisten dafür eine Zahlung von £ 200 pro Jahr auf Lebenszeit versprach.

Während das Musikleben in Old St. Paul's seit dem Mittelalter von einem hervorragenden Chor bestimmt wurde, war Wrens Neubau vor allem wegen seiner dreimanualigen Orgel von Father Smith (s. S. 122) berühmt, die bis 1859 auf einem als Musikempore genutzten Lettner stand. Smith hätte sie gerne noch größer gebaut, aber Wren wollte seinen grandiosen Innenraum nicht durch *»a damned box of whistles«* entstellt sehen und tat sein Bestes, um die Baßtürme durch die altarartigen Aufsätze der Architektur anzupassen. Ob er wußte, daß Smith die Ergänzungspfeifen schon gebaut hatte und nur auf das Ableben des Architekten wartete, um sie doch noch anbringen zu können? Beide hatten die Siebzig schon überschritten – aber schließlich war es Wren, der den Orgelbauer überlebte.

Weil die Smith-Orgel für viele Jahre das einzige Londoner Werk mit Pedal war, spielte Händel sie sehr gerne. Er schloß sich oftmals abends mit dem Organisten Maurice Greene zusammen in der Kirche ein und phantasierte stundenlang, wie es auch Felix Mendelssohn im Juni 1833 tat: »Es klang sehr gut, die Kirche war leer, nur zwei Besucherinnen hatten sich versteckt, um zu hören«, berichtete er seiner Familie.

Mit der Orgel ist auch der Name des unglücklichen Komponisten Jeremiah Clarke (1674–1707) verbunden, dessen Kirchenmusik heute weniger Bekanntheit genießt als das vielgespielte *Trumpet Voluntary* (ursprünglich ein Stück aus einer Bläsersuite). 1699 zum Organisten von St. Paul's ernannt, erschoß er sich 1707 in geistiger Umnachtung – so hieß es jedenfalls, damit er ein christliches Begräbnis in der Krypta erhalten konnte. Die wahre Ursache soll Liebeskummer gewesen sein.

Der Lettner wurde 1870/71 entfernt und die Orgel, die ja als freistehendes Instrument zwei Fronten besaß, in zwei Teilen auf den Seiten des Chors wiederaufgebaut. Der Prospekt stammt wie das prächtige Chorgestühl darunter aus der Werkstatt von Grinling Gibbons, das Werk ist von Henry Willis (1977 von Noël Mander restauriert).

Bis 1790 blieb die Kathedrale frei von Grabdenkmälern, doch als Westminster Abbey keinen Raum mehr bieten konnte, wurden auch in St. Paul's Gedenktafeln und Statuen zugelassen. So erinnert ein Relief im nördlichen Querschiff (gegenüber dem Abgang zur Krypta) an Arthur Sullivan (1842–1900), den Komponisten der besten englischen komischen Opern, und eine Tafel daneben ist dem Kirchenmusiker und Musikwissenschaftler John Stainer (1840–1901) gewidmet. Sullivans Grab befindet sich in der Krypta, wo auch Sir Hubert Parry (1848–1918, bekannt durch die Kirchenhymne *Jerusalem*) und William Boyce (s. S. 90) bestattet wurden.

Beim Verlassen der Kathedrale sollte man, nahe dem Ausgang, einen Gedenkstein im Fußboden des Mittelschiffs nicht übersehen: er erinnert an die *St. Paul's Watch*, jene tapferen Feuerwachleute, denen es zu verdanken ist, daß Wrens Meisterwerk nicht im deutschen Bombenhagel unterging.

Wir gehen vom Platz vor dem Eingangsportikus ein kleines Stück geradeaus und dann hinter dem modernen Bürohaus in die erste Querstraße nach rechts. Die Ave Maria Lane ist, wie auch andere Straßen in der Umgebung der Kathedrale (z. B. Paternoster Row) nach einem lateinischen Gebetsanfang benannt. So erinnern die Straßen an die entsprechenden Stellen der vorreformatorischen Prozessionen.

Thomas Britton. Stich von J. Simon, um 1710

❷ Ave Maria Lane

Als diese Straße noch ein Zentrum des Londoner Buchhandels war, trafen sich hier jeden Samstag im Winter die Earls of Oxford, Pembroke und Winchelsea sowie der Duke of Devonshire in einer Buchhandlung. Oft fand man sie in Begleitung eines Herrn in staubiger Arbeitskleidung. Es war Thomas Britton (1644–1714), Kohlenhändler, Buchsammler, Chemiker und Gambenspieler, der in einem winzigen Raum über seinem Laden im Stadtteil Clerkenwell musikalische Abendgesellschaften zu geben pflegte. Londons Adel, immer auf der Suche nach neuen Unterhaltungen, fand es bald *fashionable*, daran teilzunehmen. Immerhin spielten bei Britton die besten Musiker; auch Händel war in seinen ersten Londoner Jahren dabei, bevor der Kohlen-Mäzen sich eines Tages über einen Bauchredner so erschrak, daß er einem Herzanfall zum Opfer fiel.

Unser nächster Besichtigungspunkt liegt etwas versteckt hinter einem modernen Gebäude auf der linken Straßenseite. Die Durchfahrt Stationers' Hall Court führt uns zu einem der altehrwürdigen Londoner Gildehäuser.

❸ Stationers' Hall
Stationers' Hall Court

Die Gilde der Papierwarenhändler kann bald ihr sechshundertjähriges Jubiläum feiern: 1403 gegründet, spielt sie auch heute noch – wie die übrigen 96 Gilden – als Interessenvertretung und wohltätige Vereinigung eine wichtige Rolle im städtischen Leben. In ihrer 1672 erbauten *Hall*, hinter deren modernerer Fassade sich wunderschöne Barock-Interieurs verbergen (zum Teil sind sie durch die Fenster sichtbar), waren gegen Ende des 17. Jahrhunderts einmal im Jahr die Londoner Musiker zu Gast: Hier feierten sie nach einem Gottesdienst in der St. Bride-Kirche (s. S. 111) den weltlichen Teil des Cäcilien-Festes am 22. November. Es war eine Auszeichnung, als Solist, Chorsänger oder Instrumentalist mitzuwirken, wenn dabei die jährlich neu komponierte Ode (eine Art kleines Oratorium) zu Ehren der Schutzpatronin der Musik aufgeführt wurde. John Blow (1649–1708) schuf einige seiner besten Werke für diesen Feiertag, doch sie stehen im Schatten der berühmten Oden seines Schülers Henry Purcell (*Hail, bright Cecilia*, 1692) und Georg Friedrich Händels (*Ode for St. Cecilia's Day*, 1739). Nach 1703 fand das Fest allerdings nur noch sporadisch und in anderen Räumlichkeiten statt.

Nur wenige Schritte weiter zweigt Amen Court (Privatbesitz), eine 300 Jahre alte Wohnanlage für die Geistlichen von St. Paul's Cathedral, von der Straße ab. Ave Maria Lane wird nun zur Warwick Lane; sie endet an der Newgate Street. Wir gehen nach links weiter und vorbei am Central Criminal Court, Krimifreunden besser als »Old Bailey« bekannt. Rechts vor uns liegt eine Kirche, die leider nur selten zugänglich ist (Besichtigung mittwochs 12–15 Uhr).

❹ St. Sepulchre-without-Newgate
Holborn Viaduct

Kunsthistorisch betrachtet, ist die nach dem Heiligen Grab benannte Kirche keine der herausragenden Sehenswürdigkeiten, doch als *Musicians' Church* besitzt sie eine ganz besondere Bedeutung. Seit 1946 (als die schwerbeschädigte St. Bride-Kirche noch nicht wiederhergestellt war) wird hier alljährlich der Festgottesdienst am Tag der hl. Cäcilia abgehalten.

1955 wurde die nördliche Seitenkapelle zur Kapelle der Musiker erklärt. Ihr zentrales Glasfenster erinnert an Henry Wood (1869–1944), den hier bestatteten Gründer der *Promenade Concerts*. Links davon ein dem Komponisten John Ireland (1879–1962) gewidmetes Fenster, rechts eine Huldigung an die große Sopranistin Nellie Melba (1861–1931) – einschließlich der Pfirsiche, aus denen Escoffier im Londoner Savoy Hotel die *Pêches Melba* kreierte. – Der Orgelprospekt (1677) stammt von Renatus Harris.

Wir gehen auf dem Holborn Viaduct (1863–1869 konstruiert, um das alte Flußtal des Fleet bzw. die darübergebaute Farringdon Street zu überqueren) weiter bis zu der Kirche mit dem merkwürdigen, von Urnen bekrönten Turm auf der linken Straßenseite.

❺ St. Andrew Holborn
Holborn Viaduct

Mit weiß-goldenem, zartem Stuck und schönstem Eichenholz unter einem grünen Deckengewölbe empfängt der

Sir Henry Wood, 1940

lichtdurchflutete Innenraum den Besucher wie ein strahlender Dur-Dreiklang: ein Meisterwerk der Restauratoren, die der Kirche nach schweren Kriegszerstörungen ihre Gestalt zurückgaben, wie sie 1684–1690 von Christopher Wren geschaffen worden war. Als Ersatz für die verlorene Einrichtung wurden dabei die Kanzel, das Taufbecken und die 1750 von Händel gestiftete Orgel aus der Kapelle des Foundling Hospital (s. S. 98) hierher übertragen. Oft ist das Instrument, eine Neuschöpfung von Noël Mander, zu hören, denn die Studenten des Royal College of Organists üben hier. Der Orgelprospekt von Justinian Morse (oft als »Jonathan« Morse erwähnt), in seiner ursprünglichen Form erhalten, weicht stark von den zeitgenössischen Typen aus der Smith- und Harris-Tradition ab: Er ist flach, orientiert sich an der Renaissance-Architektur und trägt nur wenige geschnitzte Verzierungen. Das Findelkind-Medaillon über dem mittleren Pfeifenfeld erinnert an den ersten Aufstellungsort und an den Gründer des Foundling Hospital, Kapitän Thomas Coram. Er hat seine Ruhestätte unter der Orgel am Durchgang zur Turmkapelle gefunden.
Vor dem Zweiten Weltkrieg stand jene Orgel auf der Empore, die Renatus

Der blinde Komponist John Stanley. Stich von James McArdell, um 1760

Harris für die Temple Church gebaut hatte (s. S. 112f.). Zu den bedeutenden Organisten von St. Andrew gehörten Daniel Purcell (1660–1717), der Bruder des großen Komponisten, und der blinde John Stanley (1713–1786). Unterstützt von seiner Frau Ann und mit einem hervorragenden Gedächtnis gesegnet, konnte Stanley auch als Oratorienkomponist und Dirigent eine bedeutende Rolle im Londoner Musikleben spielen. Von 1770 an beaufsichtigte er die Kirchenmusik am Foundling Hospital und leitete selbst mehrmals die jährliche Aufführung von Händels *Messiah*.

Wenn wir jetzt von Holborn in die St. Andrew Street einbiegen, sehen wir am Kirchturm zwei Kinderfiguren, die in den Uniformen der früheren Gemeindeschule gekleidet sind.

Die Straße läuft als Shoe Lane und St. Bride Street weiter auf den Verkehrsknotenpunkt Ludgate Circus zu, wo wir uns rechts halten, die Fleet Street überqueren und durch die kleine St. Bride Lane (an der schönen alten »Old Bell Tavern« vorbei) den winzigen Kirchhof von St. Bride betreten.

❻ St. Bride
Fleet Street

Die Hauskirche der Journalisten, manchmal als »Kathedrale der Fleet Street« bezeichnet, geht auf eine Gründung der irischen Heiligen St. Bridget aus dem 6. Jahrhundert zurück und kann den Ruhm beanspru-

Die Kirche St. Bride, Fleet Street, im 19. Jahrhundert

chen, das älteste Gotteshaus von London zu sein. Beim Großen Brand zerstört, wurde sie zwischen 1670 und 1684 nach Plänen von Christopher Wren neu erbaut; die ursprüngliche Inneneinrichtung einschließlich einer Harris-Orgel verbrannte im »Blitz« von 1940.

Im Vorgänger von Wrens Bau lag die Grabstätte des Komponisten Thomas Weelkes (1576–1623), dessen schon zu seinen Lebzeiten weitverbreitete Madrigale auch heute noch von vielen Chören gesungen werden. Da er als Organist an der Kathedrale von Chichester angestellt war, schrieb er jedoch auch Kirchenmusik. Seine Psalmkompositionen gehören zu den Meisterwerken des frühen 17. Jahrhunderts; Weelkes' Lebenswandel gab dem Bischof dagegen häufig Grund zur Klage, weil der Organist und Chorleiter trotz wiederholter Bestrafungen nicht vom Alkohol lassen wollte und fast jede Nacht laut singend und fluchend aus dem Pub nach Hause schwankte. Sein letztes Lebensjahr verbrachte er, nun offenbar ohne geregelte Anstellung, im Haus eines Freundes an der Fleet Street.

Von 1683 bis 1703 hielt die Society of St. Cecilia ihren jährlichen Festgottesdienst am Tag der hl. Cäcilia in St. Bride ab. Dabei kamen Psalmen in außerordentlich großer Besetzung zur Aufführung. Hinterher begaben sich Mitwirkende und Gäste in die Stationers' Hall (s. S. 108), um dort das Fest fortzusetzen.

Wir kehren zur Fleet Street zurück und gehen linksherum weiter, vorbei an Gebäuden, die früher mit den Namen großer Zeitungsverlage verbunden waren. Heute sind die meisten Pressekonzerne in modernere Bürokomplexe in den Docklands oder anderen Geschäftsvierteln gezogen, so daß die jahrhundertealte Journalisten-Tradition der Fleet Street ihr Ende gefunden hat. Geblieben sind jedoch, wie wir gleich sehen werden, die Juristen. Auf dem Weg zu ihrem Arbeitsbezirk, dem Temple, kommen wir (kurz vor der neogotischen Kirche St. Dunstan-in-the-West) an der Einmündung der Fetter Lane vorbei. In dieser Straße (wo genau, ist unbekannt) wohnte der Liedkomponist und Lautenvirtuose John Dowland (1563–1626). Aus seiner Zeit stammt der Inner Temple Gateway (1610), durch den wir nun die Welt der Rechtsgelehrten betreten. Das Torhaus selbst birgt im 1. Stock ein kleines Museum (Eingang links neben dem Tor an der Fleet Street).

❼ Prince Henry's Room/ Samuel Pepys Museum 17 Fleet Street

Samuel Pepys (1633–1703), Sekretär des Flottenamtes, Kunstliebhaber, Schürzenjäger und Stadtmensch par excellence, lieferte mit seinem 1660 bis 1669 geführten Tagebuch den lebendigsten Einblick in das London der Restaurationszeit. Die Eintragungen bieten in ihrer Unmittelbarkeit eine einzigartige Quelle zum Theater- und Musikalltag dieser Jahre:

»21. Februar 1660. – Nach dem Abendessen in die Westminster Hall... Hier traf ich die Herren Locke und

Samuel Pepys. Ölgemälde von J. Hayls, 1666

Purcell, Leiter der Musik, und ging mit ihnen ins Kaffeehaus... Wir sangen eine Reihe von wackeren italienischen und spanischen Liedern und einen achtstimmigen Kanon, den Mr. Locke kürzlich auf die Worte ›Domine salvum fac regem‹ gesetzt hatte, eine bewundernswerte Sache...«

»1. März 1662. – Mit meiner Frau in ›Romeo und Julia‹. Das schlechteste Stück, das ich je gesehen habe, dazu schauderhaft gespielt. Habe beschlossen, nie wieder in eine Premiere zu gehen, weil die Schauspieler dauernd ihren Text vergessen.«

In Prince Henry's Room mit seiner zum Teil noch von 1610 stammenden Holztäfelung hat eine kleine Sammlung von Pepys-Memorabilia einen stimmungsvollen Ausstellungsort gefunden.

Wir folgen nun der Inner Temple Lane ins Herz des Temple, einer der Londoner »Inns of Court«. Diese »absonderlichen und bezaubernden Anomalien inmitten des donnernden Räderwerks der Großstadt« (David Piper) sind aus mittelalterlichen Gemeinschaftsquartieren der englischen Juristen hervorgegangen; man kann sie mit den Colleges einer Universität vergleichen. Waren sie früher Arbeits- und Wohnstätte zugleich, so werden sie heute nur mehr als Kanzleien genutzt. Doch obwohl jetzt überall Bildschirme durch die Fenster schimmern, ist die Tradition nicht untergegangen: wo sonst statten sich Rechtsanwälte mit so schön altmodischen, handgemalten Namensschildern aus, und wo sonst pflegen sie so romantische Gärten?

Die Inner Temple Lane führt geradewegs zum Church Court, dem Platz vor der mittelalterlichen Templer-Kirche.

❽ Temple Church
Church Court

Bevor im 14. Jahrhundert die Rechtsgelehrten und ihre Studenten einzogen, war die damalige Anlage das Hauptquartier der Tempelritter in England. Um 1185 errichteten sie die normannische Rundkirche (bereits mit Merkmalen der frühen Gotik), der zwischen 1220 und 1240 ein Längsschiff angefügt wurde. John Playford (1623–1686), der bedeutendste englische Musikverleger seiner Zeit, eröffnete 1647 im Vorbau des Westportals eine Buch- und Musikalienhandlung.

Samuel Pepys gehörte zu seinen Stammkunden.
Als die Kirche 1682 eine neue Orgel erhalten sollte und einige der Verantwortlichen den Orgelbauer Father Smith, andere seinen Konkurrenten Renatus Harris bevorzugten, kam es zur *Battle of the Organs*: Jede der beiden Werkstätten lieferte bis 1684 ein Instrument und ließ es dann von den besten Organisten vorstellen. Harris, der Katholik, wählte dafür den Italiener Giovanni Battista Draghi, während der Protestant Smith Henry Purcell und John Blow aufbot. Fast ein Jahr lang ließen sich die Virtuosen wechselweise öffentlich hören, ohne daß eine Entscheidung getroffen worden wäre. Schließlich bat man den Obersten Richter Jeffreys um sein Urteil, doch auch er brauchte noch Jahre, bis er seine Wahl getroffen hatte: 1688 endlich ging Smith als Sieger aus dem »Orgelkrieg« hervor. Seine Orgel – das erste dreimanualige Instrument in England – wurde 1843 mit einem neogotischen Prospekt versehen und 1940 zerstört; das neue Instrument ist nach alten Abbildungen rekonstruiert worden.
Durch die Arkaden und den Pump Court kommen wir zur Middle Temple Lane, wenden uns nach links und stehen gleich vor der Middle Temple Hall, die den Juristen seit über sechs Jahrhunderten als Speise- und Festsaal dient. Außerhalb der Essenszeiten ist sie zu besichtigen.

Titelblatt von John Playfords erfolgreicher Tanzanleitung »The Dancing Master«, 1686

⑨ Middle Temple Hall
Fountain Court

Wo Studenten lebten, wurde natürlich auch musiziert und getanzt – nicht nur als Freizeitvergnügen, sondern als Teil der Ausbildung. Höhepunkte des Musiklebens in den Inns of Court waren im 16. und 17. Jahrhundert die Aufführungen von *revels* und *masques*, d. h. unterhaltsamen Zusammenstellungen von Schauspielszenen, Gesang und Tänzen, während der Weihnachtszeit. An ihnen waren nicht nur die Studenten, sondern auch die praktizierenden Anwälte und Notare aktiv beteiligt. Diese Vorstellungen besaßen ein so hohes Niveau, daß sie oft vom Hof besucht wurden.

Auch in der schon um 1320 erwähnten Middle Temple Hall (1562–1573 erneuert, mit der schönsten Stichbalkendecke von England) fanden Musik- und Theateraufführungen statt. Dank der Notizen eines Studenten wissen wir, daß hier am 2. Februar 1602 Shakespeares Komödie *Twelfth Night, or What You Will* gespielt wurde. Dies ist die erste Erwähnung des Stückes, und man geht davon aus, daß der Dichter als Schauspieler dabei war. Daß (wie oft behauptet) Königin Elizabeth I. zu den Zuschauern gehörte, ist nicht nachzuweisen. Sie nahm jedoch gerne an den Festbanketten des Middle Temple teil und stiftete einen acht Meter langen Tisch, der noch heute (als erhöht stehender *Bench Table*) benutzt wird.

Middle Temple Hall.
Blick auf die Musikergalerie

Vor der Middle Temple Hall laden die Bänke am leise plätschernden Springbrunnen des Fountain Court zu einer kleinen Pause unter uralten Bäumen ein. Vom Hof aus kann man auch einige Stufen in Richtung Themse hinabsteigen und einen Blick in den preisgekrönten Garten hinter der Middle Temple Hall werfen (von Mai bis Juli und im September wochentags von 12–15 Uhr geöffnet).

Unser Spaziergang führt vom Fountain Court zurück zur Middle Temple Lane. Wir gehen jetzt links hinauf, passieren den Brick Court und verlassen die Idylle durch den Middle Temple Gateway (1684). Weiter geht es linksherum auf der Hauptstraße Strand, vorbei am Temple Bar-Denkmal (ursprünglich ein Tor auf der Grenze zwischen City of London und Westminster), an den Royal Courts of Justice, an Twining's Teegeschäft von

Die Kirche St. Clement Danes und der Strand. Vorne rechts das Gasthaus »The Crown and Anchor«. Stich von J. Maurer, 1753

1787 mit seinen zwei Chinesenfiguren (No. 216), an dem 1625 erbauten Haus des »Wig and Pen«-Clubs (No. 229) und an der Kirche St. Clement Danes. An der Ecke zur Arundel Street stand im 18. Jahrhundert ein Gasthaus mit einem berühmten Musiksaal.

❿ Das ehemalige Gasthaus The Crown & Anchor Tavern Strand/Arundel Street

In unserem Zeitalter der perfekt gebauten Konzertsäle hat man schon fast vergessen, welche große Rolle Gasthäuser und Hotels mit ihren Gesellschaftsräumen einst im Musikleben spielten. Etliche Londoner *Taverns* waren seit dem späten 17. Jahrhundert als Treffpunkte von Musik-Clubs und Amateurorchestern bekannt. Die Musikfreunde fanden hier nicht etwa düstere Hinterzimmer, sondern schön ausgestattete Säle und oft sogar eine Orgel vor – viele Wirte hatten nämlich zugegriffen, als während der Cromwell-Ära Kirchen leergeräumt und ihre Einrichtungen billig verkauft worden waren.

Im »Crown and Anchor« gab es im 18. Jahrhundert fast jeden Abend etwas zu hören: Hier trafen sich die Mitglieder der Philharmonic Society und der Music Society on Wednesday ebenso wie die 1726 gegründete Academy of Ancient Music, deren erklärtes Ziel es war, »die alte Kirchenmusik wiedereinzuführen«.

Händel, ein Stammgast des Hauses, nahm oft an diesen Versammlungen und den jährlichen Feiern zum Cäcilientag teil. Im Frühjahr 1732 leitete hier Bernard Gates eine Privataufführung von Händels Oratorium *Esther* (ursprünglich 1718 für den Duke of Chandos geschrieben), und zwar mit kostümierten Darstellern und Bühnenaktion. Der Erfolg war so groß, daß Prinzessin Anne ihren Musiklehrer Händel bat, die Produktion in das King's Theatre zu übertragen. Dabei mußten allerdings Kostümierung und szenische Darstellung wegfallen, denn der Bischof von London hatte Einspruch gegen die Präsentation eines religiösen Sujets auf einer Theaterbühne erhoben. Mit diesem Werk begannen Händels Karriere als Oratorienkomponist und die Geschichte des Oratoriums in England. Händels berühmtestes Werk, das Oratorium *Messiah*, wurde am 13. April 1742 in Dublin uraufgeführt. Erst ein Jahr später erlebte es seine Londoner Premiere im Covent Garden-Opernhaus; seitdem gehört es zu den weltweit meistgespielten Musikwerken.

Die Arundel Street führt hinunter zur Themse und zur U-Bahn-Station Temple (sonntags geschlossen). Wenn Sie der Uferstraße Victoria Embankment nach rechts folgen, stoßen Sie hinter der Waterloo Bridge auf die Victoria Embankment Gardens, eine Grünanlage mit Freilichtbühne. Hier finden in der warmen Jahreszeit an mehreren Nachmittagen in der Woche Theater- und Musikveranstaltungen mit Studenten- und Amateurgruppen statt (Eintritt frei).
Die Grünanlage grenzt an den Bahnhof Charing Cross mit den ständig geöffneten U-Bahn-Stationen Charing Cross und Embankment.

Bow Lane. Fotografie um 1930. Die Taverne »Olde Watling« (Bow Lane, Ecke Watling Street) war eines der ersten Gebäude, das nach dem Brand von 1666 errichtet wurde. Dahinter: der von Christopher Wren entworfene Kirchturm von St. Mary Aldermary

Siebter Spaziergang Von Aldgate nach Southwark – 7 Orgeln & das Shakespeare-Theater

Blackfriars Rd
Blackfriars Bridge
New Bridge St
ST PAUL'S THAMESLINK STATION
BLACKFRIARS STATION
Union St
Southwark St
Great Suffolk St
Ludgate Hill
Old Bailey
Warwick La.
Newgate St
Upper Thames St
Queen Victoria St
St Paul's Churchyard
St Paul's Cathedral
ST. PAUL'S
Cheapside
Cannon St
MANSION HOUSE
Shakespeare's Globe
Bankside
Southwark Bridge Rd
Southwark Bridge
Queen St PL
Garlick Hill
College St
Skinners Lane
Queen St
Gresham St
Poultry
Southwark St
Union St
Borough High St
Southwark Cathedral
River Thames
CANNON ST
Dowgate Hill
Walbrook
Mansion House
Bank of England
BANK
Moorgate
King William St
Cornhill
St Clemens Lane
Lombard St
St Michael's Alley
Royal Exchange
Stock Exchange
LONDON BRIDGE
London Bridge
King William St
Low. Thames St
MONUMENT
Gracechurch St
Castle Ct.
Bishopsgate
St. Thomas St
LONDON BRIDGE STATION
Tooley St
Fenchurch St
Whittington Av.
Leadenhall Market
Lloyds' Building
Leadenhall St
250 m
Byward St
FENCHURCH STREET
Creechurch
Bevis Marks
Houndsditch
Duke's Pl.
Aldgate
TOWER HILL
Tower Hill
ALDGATE
Aldgate High St
Minories
The Tower
Tower Bridge Rd
Tower Bridge
1
2
3
4
5
6
7
8
9
10

Noch vor wenigen Jahrzehnten hätte wohl kein Tourist den Fuß in die Stadtviertel gesetzt, die wir nun durchqueren. Östlich von St. Paul's Cathedral lag das London der kleinen Leute, wo es neben respektablen Straßen – etwa der Lombard Street mit ihren Bankgebäuden – mittelalterliche Gassen und Hinterhöfe gab, die im 19. Jahrhundert zu Slums verkamen. Wer heute alte Fotos dieser Behausungen anschaut, erkennt, daß Charles Dickens bei der Beschreibung seiner Elendsgestalten nicht übertrieben hat. Von der Geschichte dieses Teils von London zeugen jedoch oft nur noch Straßennamen wie Sugarbaker's Court oder Saracen's Head Yard, so benannt nach einem der großen, längst verschwundenen mittelalterlichen Gasthäuser. Die Mehrzahl der Gebäude ist modern bis post-postmodern, weil diese Gegend bei den deutschen Bombenangriffen im Zweiten Weltkrieg so stark zerstört wurde, daß ein Wiederaufbau der alten Häuser nicht mehr möglich war. Heute wohnen nur noch wenige Menschen in der City of London; sie ist, seit sich hier Banken und Büros aller Art niedergelassen haben, nur während der Arbeitsstunden belebt.

Wozu also ein musikalischer Spaziergang durch die Welt des Big Business? Der erste Grund heißt »City Churches«: Kirchen, die Christopher Wren nach dem Großen Brand von 1666 neu errichtete und die mit einer sehenswerten Parade von historischen und modernen Orgeln aufwarten können. Viele von ihnen stammen ursprünglich aus den Werkstätten der beiden bedeutendsten (und herzlich verfeindeten) englischen Orgelbauer der Barockzeit, Father Bernard Smith und Renatus Harris. Den zweiten und dritten Grund liefern die trotz aller Widrigkeiten immer noch vorhandenen Reste von »Alt-London« und ein neuer Hauptanziehungspunkt für Theaterfreunde: das perfekt rekonstruierte Shakespeare's Globe Theatre in Southwark am Südufer der Themse. Sie werden auf diesem Weg an Kirchen vorbeikommen, die im Text nicht näher beschrieben sind, weil sie nur an einem Tag der Woche oder auf Vereinbarung besichtigt werden können. Alle hier aufgeführten City Churches sind unter normalen Umständen von Montag bis Freitag während der Bürostunden geöffnet. Da sie keine Gemeinden mehr haben, sorgen sie für die hier arbeitenden Menschen – dazu gehört in den meisten Kirchen auch eine wöchentliche Stunde der Orgelmusik (oft in der Mittagspause). Wir beginnen den Spaziergang in Aldgate, wo früher das östliche Stadttor von London stand. Neben der U-Bahn-Station Aldgate liegt unser erstes Ziel.

❶ St. Botolph Aldgate
Aldgate High Street

Obwohl die 1741–1744 von George Dance d. Ä. errichtete Kirche im Zweiten Weltkrieg und bei einem Feuer im Jahr 1965 schwere Schäden erlitt, blieb die zum Teil aus dem mittelalterlichen Vorgängerbau übernommene Innenausstattung in ihrer stilistischen Vielfalt erhalten. Dazu gehört die Orgel von Renatus Harris, einem der beiden berühmten englischen Orgelbauer des späten 17. und frühen 18. Jahrhunderts. Er kam um 1652 in oder bei Quimper zur Welt, da sein Vater zeitweise in Frankreich arbeitete, und zog nach der Restauration nach England zurück. So ist es nicht verwunderlich, daß seine Orgeln mit besonders grundtönigen Prinzipalregistern und betonten Zungenstimmen einen starken französischen Einfluß aufweisen. Ihre Mechanik war den Instrumenten aus der konkurrierenden Werkstatt des älteren Father Smith (s. S. 122) deutlich überlegen, aber Harris' Arroganz und sein zweifelhaftes Geschäftsgebaren (er verübte Sabotage an mindestens einer Smith-Orgel) kosteten ihn die Sympathie der Londoner Musikwelt. Nachdem er 1710 in Salisbury sein größtes Werk mit vier Manualen gebaut hatte, erbot er sich, in St. Paul's Cathedral ein sechsmanualiges Instrument zu errichten, doch dieser Plan kam nicht über eine Ankündigung hinaus. Harris starb 1724; sein Sohn John und John Byfield führten die Werkstatt in der französisch orientierten Tradition weiter.

Das genaue Entstehungsdatum der Orgel von St. Botolph ist nicht bekannt. Sie stand zunächst (kleiner als heute) im Haus des reichen Gemeindemitglieds Thomas Whiting, der sie für seine Frau hatte bauen lassen und das Instrument 1676 der Kirche schenkte. Um 1745, als sie von John Byfield vergrößert wurde, erhielt sie vermutlich den dreitürmigen Prospekt. 1966 restauriert, gilt die Orgel als das insgesamt am besten erhaltene Werk von Renatus Harris.

Im Südschiff der Kirche läßt sich ein königlicher Musiker bewundern: Hier finden Sie mit dem Holzrelief des harfespielenden David eines der besten englischen Schnitzwerke aus dem späten 17. Jahrhundert.

Unser nächster Besichtigungspunkt, Londons älteste Synagoge, hat keine festen Öffnungszeiten; informieren Sie sich daher im voraus über die Besuchsmöglichkeiten (Tel. London 6261274 oder Aushang am Eingangstor).

Wieder auf die Aldgate High Street hinausgetreten, wenden wir uns nach rechts, überqueren die Hauptstraße Houndsditch und gehen schräg nach rechts weiter durch die kleinere Straße Duke's Place. Hier ließen sich nach 1650, als Cromwell ihnen nach Jahrhunderten der Vertreibung wieder die Ansiedlung in England erlaubte, viele Juden nieder. Wir überqueren die Creechurch Lane und stehen nach wenigen Schritten in Bevis Marks, der Fortsetzung von Duke's Place, vor einem vergitterten Hofeingang auf der linken Straßenseite. Dahinter liegt, umgeben von modernen Bürohäusern, das schlichte Gotteshaus.

❷ Spanisch-portugiesische Synagoge Bevis Marks

Dreieinhalb Jahrhunderte lang gab es keine Juden in London: 1290 wurden sie vertrieben, und erst 1657, unter Cromwells Herrschaft, durften sie zurückkehren. Joseph Avis, ein Qua-

Königin Anne von Großbritannien. Ölgemälde von Michael Dahl, um 1705

ker, errichtete 1700–1701 das schlichte, schmucklose Backsteingebäude im Auftrag der sephardischen Gemeinde, wofür er aus Hochachtung vor ihrem Glauben kein Honorar annahm. Auch Königin Anne beteiligte sich an dem Bau, indem sie Balken für das Dachgestühl stiftete. Zur unzerstört gebliebenen barocken Inneneinrichtung gehören sieben prächtige Messing-Kronleuchter aus Amsterdam.

Von der Synagoge kehren wir zur Creechurch Lane zurück, biegen rechts ein und gehen bis zur Einmündung in die breite Leadenhall Street. Zu unserer Linken sehen wir an der Straßenecke eine der wenigen Stadtkirchen, die den Großen Brand von 1666 unversehrt überstanden haben. Ihr Eingang liegt in der Leadenhall Street.

❸ St. Katharine Cree Leadenhall Street/ Creechurch Lane

Wer die 1631 geweihte, in einem Mischstil von Spätgotik und Renaissance erbaute Kirche betritt, wundert sich wahrscheinlich über die Büros in den Seitenschiffen. Da St. Katharine keine eigene Gemeinde mehr besitzt, hat sich hier die Industrial Christian Fellowship, eine internationale Hilfsgemeinschaft, eingerichtet. Eine derartige »Umwidmung« von leerstehenden, aber erhaltenswerten Kirchengebäuden ist in England inzwischen nichts Besonderes mehr.

Mit der Orgel von 1686 sehen wir nun ein Werk von Father Bernard Smith vor uns, der nicht nur hinsichtlich der Technik, sondern auch als Persönlichkeit den Antipoden von Renatus Harris darstellte. Er wurde als Baerent Smitt um 1629 in den Niederlanden geboren, lernte sein Handwerk vermutlich in Deutschland und ließ sich 1667 in London nieder, nachdem er bereits Orgeln in Edam und Amsterdam gebaut hatte. Seine Instrumente zeichneten sich durch ihre sowohl süßen als auch brillanten Holzpfeifen aus; Windversorgung und Traktur wiesen dagegen oft Mängel auf. Kennzeichnend für seine Prospekte sind die wuchtigen, vielfach profilierten Kranzleisten als Bekrönung der Pfeifentürme, die bei Harris-Orgeln leichter ausfallen.

Im Gegensatz zu dem unbeliebten Harris war Smith ein hochangesehener Freund von Purcell, Blow und anderen Musikern. Bekannt für sein umfangreiches Wissen wie auch für seine Gutmütigkeit, wurde er schon zu Lebzeiten »*Father*« genannt. Als er 1708 starb, übernahm sein ebenfalls aus Deutschland stammender Schwiegersohn Christopher Schrider (Schröder) die Werkstatt.

Wie alle Smith-Orgeln wurde auch das Instrument in St. Katharine Cree mehrmals umgebaut, so daß nur der Prospekt im Originalzustand verblieben ist. Lediglich einige von Smiths Kammerorgeln, die sich in Privatbesitz befinden, sind bis heute unverändert geblieben.

Nun folgen wir der Leadenhall Street weiter nach rechts, kommen an der Kirche St. Andrew Undershaft (rechte Straßenseite) und dem Lloyd's Building (1986, schräg gegenüber) vorbei und biegen nach links in die Whittington Avenue ein, um einen Abstecher durch Leadenhall Market zu machen: Die 1881 erbauten Hallen werden noch als Markt betrieben und bieten nach ihrer Renovierung (1992/93) ein Bummelvergnügen mit ganz besonderer Atmosphäre.

Die reichdekorierte Marktpassage führt uns rechtsherum zur Gracechurch Street, die wir überqueren, um durch den gegenüberliegenden schmalen Torweg St. Peter's Alley auf den malerischen Kirchhof von St. Peter zu gelangen. Es ist bedauerlich, daß diese Kirche nur selten zugänglich ist, denn sie besitzt eine Orgel von Father Smith, die Felix Mendelssohn bei seinen London-Aufenthalten gerne spielte.

Durch einen Gang neben der Kirche treten wir auf den Cornhill hinaus, eine der ältesten Straßen Londons.

❹ St. Michael Cornhill

Diese Kirche gehört zu den ehrwürdigsten Gotteshäusern Londons, denn sie geht auf die Zeit vor der normannischen Eroberung zurück. Eine Orgel war bereits im 15. Jahrhundert vorhanden. Auch St. Michael erhielt nach dem Großen Brand durch Christopher Wren eine neue Gestalt, aber von der Eleganz des 17. Jahrhunderts ist seit einer Umgestaltung im viktorianischen Stil (nach Entwürfen von George Gilbert Scott, dem Erbauer der kriegszerstörten Hamburger Nikolaikirche) nichts übriggeblieben.

Die Orgel stellt für kontinentale Besucher eine Überraschung dar: Als typisch viktorianische *caseless organ* (gehäuselose Orgel) präsentiert sie über Eck zwei Reihen goldener Pfeifen wie eine überdimensionale Panflöte. Ihr Äußeres läßt kaum vermuten, daß das Instrument sich aus einer Harris-Orgel von 1684 entwickelt hat. Einige alte Register geben noch einen Eindruck davon, wie das Werk bei seiner Einweihung klang, als es von Henry Purcell, John Blow und Giovanni Battista Draghi vorgeführt wurde. Ein halbes Jahrhundert später übernahm William Boyce (s. S. 90) die Organistenstelle. Nach 32 Dienstjahren resignierte er 1768, weil er aufgrund seiner zunehmenden Schwerhörigkeit die

Erwartungen der Gemeinde nicht mehr erfüllen konnte.
In ihrer jetzigen Form ist die Orgel ein ideales Instrument für das romantische Repertoire und erklingt das ganze Jahr hindurch bei wöchentlichen Konzerten.
St. Michael's Alley, die neben der Kirche entlangführt, war wie viele andere von Cornhill abzweigende Gassen jahrhundertelang für ihre Kaffeehäuser berühmt. Das älteste davon, ehemals Pasqua Rosee's Coffee House (1652 gegründet, jetzt Jamaica Wine House mit einer Terracotta-Fassade von 1869), liegt direkt hinter der Kirche am St. Michael's Court. Durch diese Gasse kommen wir am Castle Court mit der eindrucksvollen alten Gaststätte »The George and Vulture« vorbei zur Kirche St. Edmund King and Martyr (mit einer sehenswerten Ausstattung aus dem 17. Jahrhundert). Vor der Kirche überqueren wir die Lombard Street, ein traditionelles Zentrum des Bankwesens, und gehen auf der Clement's Lane weiter.

❺ Clement's Lane

In dieser Straße ging einer der Gründerväter der englischen Musikwissenschaft seinem Brotberuf nach: Hier befand sich von 1751 bis etwa 1780 die Anwaltspraxis von John Hawkins (1719–1789), dem Verfasser einer profunden *General History of the Science and Practice of Music*. Als das Werk nach vierzehnjähriger Arbeit 1776 im Druck erschien, brachte auch der Musikschriftsteller Charles Burney gerade den 1. Band einer *General*

John Hawkins. Ölgemälde von James Roberts, 1786

History of Music heraus – und gewann die Konkurrenz, indem er Hawkins' Buch in der Presse als altmodische Postille lächerlich machte. Hawkins vertrat nämlich die Ansicht, die Tonkunst hätte im 16. und 17. Jahrhundert ihren Höhepunkt erreicht und befände sich seitdem im Niedergang, während Burney den ständigen Fortschritt in der Musik propagierte und dank seines flotteren Schreibstils mehr Anhänger unter den Lesern fand. Auch mit einer Biographie seines Freundes Samuel Johnson hatte Hawkins keinen Erfolg, obwohl sie Jahre vor Boswells *Life of Dr. Johnson* erschien. Das Schicksal meinte es wirklich nicht gut mit ihm: Im Februar 1785 brach in seiner Wohnung in Westminster ein Feuer aus, das seine

kostbare Bibliothek und Musiksammlung vernichtete. Sie hätte nach Hawkins' Tod in den Besitz des British Museum übergehen sollen.
Am Ende der Clement's Lane, auf der linken Straßenseite, stehen wir vor einer unscheinbaren, schlichten Kirchenfassade.

❻ St. Clement Eastcheap Clement's Lane/ King William Street

Obwohl Christopher Wren auf dem kleinen Grundstück nur einen bescheidenen Nachfolger für die 1666 verbrannte Kirche bauen konnte, waren die Gemeindemitglieder mit seinem Werk so zufrieden, daß sie ihm 80 Liter Wein als Geschenk verehrten. Im ebenfalls schlichten Inneren prunken eine mit wunderbarem Schnitzwerk verzierte Kanzel (wahrscheinlich von Grinling Gibbons) und die Orgel von Renatus Harris (1695). Hier probierte Harris eine originelle Prospektgestaltung mit einem großen ovalen Pfeifenfeld aus, die allerdings keine Nachfolger fand – die Orgel erinnert zu stark an ein grinsendes Mondgesicht! Überhaupt scheint die Gemeinde keine schiere Freude an dem Instrument gehabt zu haben, denn schon 1704 ließ sie Father Smith rufen, um einen von Harris in der Orgel installierten »Betrug« zu begutachten. Offenbar handelte es sich um einen absichtlich eingebauten Fehler, der dem Meister einige Zeit nach dem Bau einen Reparaturauftrag einbringen sollte.
Schräg vor der Kirche verläuft die King William Street, auf der wir nun nach rechts weitergehen. Wo sie auf die Lombard Street trifft, steht auf einem dreieckigen Grundstück eine Barockkirche mit einer sehr originellen, aus Antikenzitaten zusammengesetzten Turmfassade.

❼ St. Mary Woolnoth King William Street/ Lombard Street

Der merkwürdige Name dieses Gotteshauses ist nicht etwa vom Wollhandel, sondern von dem sächsischen Edelmann Wulfnoth abgeleitet, der den ersten Bau gestiftet haben soll. Zwischen 1716 und 1727 von Wrens Meisterschüler Nicholas Hawksmoor erneuert, hat St. Mary als einzige der City-Kirchen den Zweiten Weltkrieg ohne Schäden überstanden. Erstaunlich hell und hoch ist der quadratische Innenraum, nobel in Weiß und Grau gehalten als Kontrast zum dunklen, sparsam goldverzierten Holz der Einrichtung.
Die kleine Orgel stammt noch aus dem Vorgängerbau. Ihr Gehäuse ist eines der seltenen Zeugnisse des englischen Orgelbaus vor der Restaurationszeit und dem Großen Brand von London; es wurde im 19. Jahrhundert Robert Dallam (1602–1665) zugeschrieben, scheint aber noch älter zu sein. 1681 erneuerte Father Smith das Werk; weitere Umbauten folgten im 18. und 19. Jahrhundert, doch ein Teil von Smiths Pfeifen erklingt noch heute.
Vor der Kirche liegt der große Verkehrsknotenpunkt Bank, der auch ein Zentrum der weltlichen und finanziel-

len Macht darstellt: Angesiedelt sind hier die Royal Exchange (ehemalige Börse), die Bank of England und Mansion House, das Dienstgebäude des Londoner Bürgermeisters. Wir gehen an seinem imposanten Portikus entlang, dann nach links in die Straße Walbrook. Als St. Stephen, die Kirche hinter dem Mansion House, um 1090 gegründet wurde, stand sie noch am Ufer eines kleinen Flusses (»brook«). Da die Anwohner, vor allem Kürschner und Ledergerber, ihn mit »divers filth and dung« vollzuschütten pflegten, ließ man das Gewässer schon 1440 zudecken.

❽ St. Stephen Walbrook

Hinter der schlichten Fassade überrascht die schönste aller Wren-Kirchen den Besucher mit römischer Eleganz: In ihrem Zentrum schwebt über schlanken Säulen und lichtspendenden Fenstern eine fein stuckierte Kuppel, die in kleinerem Maßstab dem Originalplan Wrens für St. Paul's Cathedral entspricht. 1672–1679 erbaut und nach Kriegsschäden vom Fundament auf restauriert, präsentiert sich St. Stephen seit 1987 wieder im Glanz seiner Ausstattung aus dem späten 17. Jahrhundert – und auch der runde Steinaltar von Henry Moore (1986), liebevoll-spöttisch *»the Camembert«* genannt, wird nach heftigen Kontro-

Innenansicht der Kirche St. Stephen Walbrook, um 1810

versen inzwischen als Zeuge unserer Zeit anerkannt.
George England (tätig um 1740–1773), ein Schüler des von Händel sehr geschätzten Orgelbauers Richard Bridge, errichtete 1765 mit der Orgel von St. Stephen sein bestes Werk. Hinter dem schwarz gebeizten Rokoko-Prospekt steht allerdings seit dem 19. Jahrhundert ein Instrument der Firma Hill & Son, das 1987 durchgreifend restauriert wurde und seitdem regelmäßig in Konzerten zu hören ist.
Musikgeschichtlich führt uns St. Stephen noch viel weiter zurück, nämlich bis 1453: Damals fand der Komponist John Dunstable (geb. um 1390) sein Grab im gotischen Vorgängerbau von Wrens Kirche. Ein Glasmosaik an der Südwand erinnert an den »Vater der englischen Harmonie«. Er besaß in seiner Heimat nicht nur als Musiker, sondern auch als Mathematiker und Astronom einen hervorragenden Ruf, doch seine Kompositionen waren es, die ihm schon zu Lebzeiten in ganz Europa Ruhm eintrugen. Damals beeinflußte der »süße«, klangvolle englische Stil mit seiner Vorliebe für die in Frankreich und Italien noch verpönte Terz und seiner frei fließenden Melodik für einige Jahrzehnte die musikalische Entwicklung auf dem Kontinent. In den folgenden 500 Jahren war das Verhältnis umgekehrt – bis die Beatles kamen.
Walbrook und Dowgate Hill führen uns geradewegs auf die Themse zu, doch kurz vor der vielbefahrenen Upper Thames Street biegen wir nach rechts in die College Street ein. Linker Hand sehen wir, geschmückt mit wappenbekrönten Türen, die Innholders Hall (1671), eines der alten Londoner Zunftgebäude. Der nächste Besichtigungspunkt liegt an Skinners Lane, der Fortsetzung der College Street.

❾ St. James Garlickhythe
Garlick Hill/
Skinners Lane

»St. Jacobi auf dem Knoblauchhügel« steht tatsächlich in einer Gegend, in der im Mittelalter Händler vom Lande die würzigen Knollen feilboten. Wer die helle, in warmen Gelb- und Brauntönen strahlende Kirche betritt, ahnt nichts mehr von dem Unglück, das dieses 1676–1683 von Wren geschaffene Schmuckstück am 20. September 1991 traf: Damals kippte ein über 30 Meter hoher Kran auf einer nahegelegenen Baustelle um, durchschlug das Kirchendach und zertrümmerte die gesamte, drei Jahre zuvor restaurierte Innenausstattung. Inzwischen sind – zum drittenmal seit Kriegsende – alle Schäden ausgebessert worden. Es dürfte jedoch noch einige Jahre dauern, bis auch die Instandsetzung der prächtigen viertürmigen Orgel von Father Smith (1697, 1719 von Knopple erweitert) finanziert werden kann. Ihr hochaufragender Prospekt trägt das Emblem des hl. Jakob, eine Pilgermuschel, die auch an vielen anderen Stellen in der Kirche zu sehen ist.
Um zum Endpunkt dieses Spaziergangs zu gelangen, hätten wir vor vierhundert Jahren einen Bootsmann anheuern müssen, da nur eine feste Brücke – London Bridge – damals die

Das Globe Theatre. Stich von Visscher, 1616 (Ausschnitt)

Themse überquerte. Alle Schauspielfreunde, die zur Zeit Shakespeares auf dem Weg in eines der Theater von Southwark waren, ließen sich von den »wherries« hinüberrudern. Wir gehen statt dessen durch Skinners Lane zurück zur Hauptstraße Queen Street und über die Southwark Bridge auf die andere Seite der Themse. Am Südende der Brücke führen Treppenstufen (rechts, ausgeschildert) zum Bankside-Fußweg hinab. Er bringt uns am Flußufer entlang (mit einem herrlichen Blick auf St. Paul's Cathedral) zu Londons ältestem, neuestem Theater.

⑩ Shakespeare's Globe Theatre und Museum
New Globe Walk, Bankside

Als der junge Schauspieler Sam Wanamaker (1919–1993) nach dem Zweiten Weltkrieg London besuchte, erlebte er eine herbe Enttäuschung: Außer einer Gedenkplakette erinnerte nichts mehr an das elisabethanische Globe Theatre, in dem der von ihm so verehrte Shakespeare seine Dramen aufgeführt hatte. Seitdem verfolgte Wanamaker, bald ein berühmter Filmregisseur, den Plan, eine Rekonstruktion des Globe an seinem Originalstandort zu errichten. Was zunächst als Spleen belächelt wurde, wuchs unter der Leitung des Architekten Theo Crosby (1925–1994) zu einem international geförderten Forschungs- und Bauunternehmen heran. Gestützt auf Ausgrabungsfunde, die Aufschluß über die Dimensionen des 1599 errichteten und 1613 abgebrannten Theaters gegeben hatten, entstand zwischen 1993 und 1997 der Nachbau des »hölzernen O« (Shakespeare, *Henry V*). Dabei wurden Fachwerkkonstruktion, Verkleidung, Dach und Einrichtung nach vierhundert Jahre alten Methoden und (bis auf die Feuerschutzmaßnahmen) mit entsprechenden Materialien ausgeführt. Seit der Eröffnung im Juni 1997 lernen nun die Schauspieler, unter den neuen, ungewohnten Bedingungen einer nach drei Seiten offenen Bühne und eines runden Auditoriums zu agieren. Gespielt wird, da das »Stehparkett« zwischen Bühne und Galerien nach oben offen ist, nur während der Freiluftsaison; neben den Werken Shakespeares und seiner Zeitgenossen werden auch Konzerte mit Musik aus der Zeit um 1600 gegeben. Rings um das Globe Theatre entsteht ein Zentrum für Theatergeschichte und Schauspielkunst, zu dem bald auch der Nachbau eines frühbarocken Theaters von Inigo Jones gehören wird. Vorerst wird hier eine sehr sehenswerte Ausstellung über Shakespeares Theater und die faszinierende Geschichte der Globe-Rekonstruktion gezeigt. Die farbenprächtige Fachwerk-Bühne selbst kann unter sachkundiger Führung besichtigt werden.

Noch läßt die Verkehrsanbindung des Globe Theatre zu wünschen übrig, was uns vor die Wahl zwischen drei Rückwegen ins Zentrum stellt: Man kann auf dem Bankside-Fußweg weitergehen, kommt am beeindruckenden Bau des alten Bankside-Kraftwerks vorbei (das derzeit zu einem Museum für moderne Kunst umgebaut wird) und über die Blackfriars Bridge zur U-Bahn-Station Blackfriars. Wer zurückgeht, wie wir gekommen sind, erreicht die U-Bahn am Nordende von Garlick Hill (der Straße vor der Kirche St. James) bei der Station Mansion House. Reizvoller ist es allerdings, dem Bankside-Fußweg weiter nach Osten zu folgen: Hier geht es durch ehemals verrufene Straßen (ein letzter Hauch von Edgar Wallace-Atmosphäre!) zur gotischen Southwark Cathedral, eventuell noch zum dreihundert Jahre alten Gasthof »The George Inn« (77 Borough High Street; gelegentlich Musik und Theater im Innenhof) und zur U-Bahn-Station London Bridge.

Die Kurpromenade von Tunbridge Wells. Stich von I. Kip nach J. Badslade, um 1720 (Ausschnitt)

Ein Ausflug
Tunbridge Wells –
Händels Sommerfrische

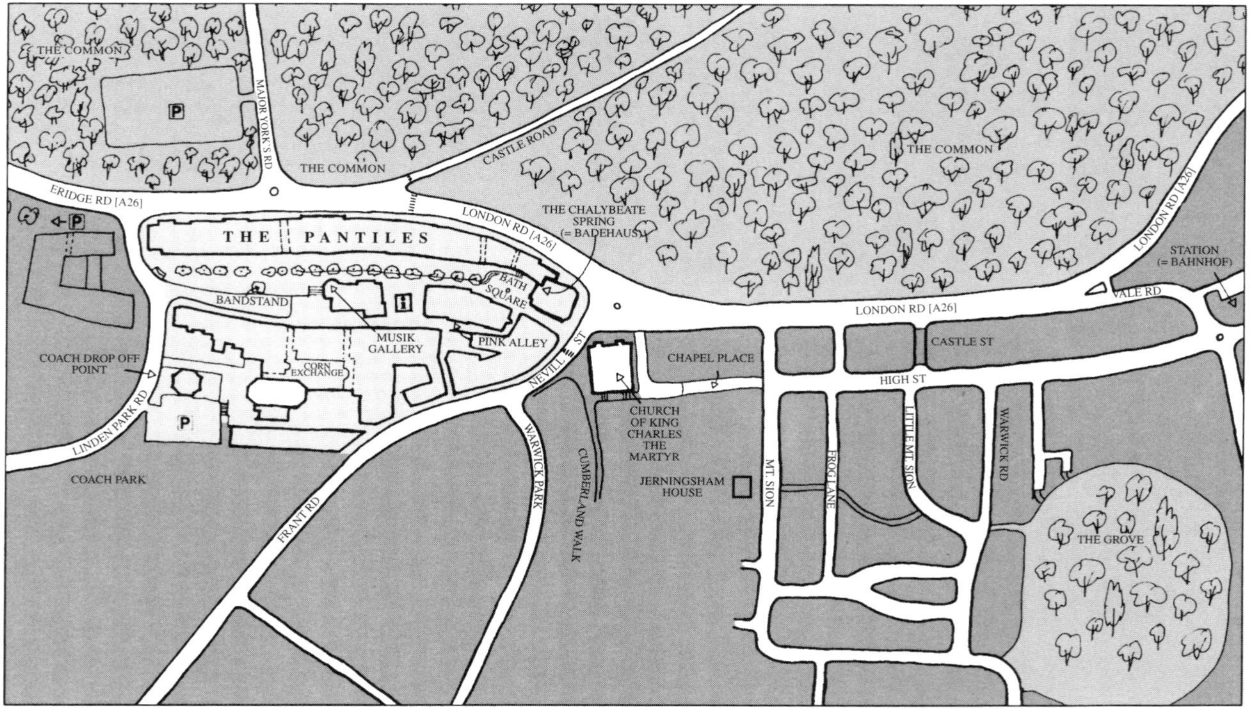
THE COMMON
MAJOR YORK'S RD
THE COMMON
CASTLE ROAD
THE COMMON
ERIDGE RD [A26]
LONDON RD [A26]
THE CHALYBEATE
SPRING
(= BADEHAUS)
THE PANTILES
BATH
SQUARE
BANDSTAND
MUSIK
GALLERY
PINK ALLEY
CORN
EXCHANGE
COACH DROP OFF
POINT
LINDEN PARK RD
COACH PARK
FRANT RD
WARWICK PARK
NEVILL ST
CUMBERLAND WALK
CHURCH
OF KING
CHARLES
THE
MARTYR
JERNINGSHAM
HOUSE
CHAPEL PLACE
LONDON RD [A26]
CASTLE ST
HIGH ST
MT. SION
FROG LANE
LITTLE MT. SION
WARWICK RD
THE GROVE
VALE RD
STATION
(= BAHNHOF)
LONDON RD [A26]

Mit dem Schnellzug erreicht man die 60 Kilometer südöstlich von der Londoner City gelegene Bezirkshauptstadt in etwa 50 Minuten. Hier, im malerischen Hügelland der Grafschaft Kent, wurde 1606 eine Heilquelle entdeckt, und schon bald gehörte Tunbridge Wells (seit 1909 offiziell »Royal Tunbridge Wells«) neben Bath und Cheltenham zu den Modebädern der feinen Gesellschaft. Richtig zivilisiert ging es allerdings erst zu, nachdem der selbsternannte Zeremonienmeister Richard »Beau« Nash (1674–1761) das Glücksspiel und die übrigen Annehmlichkeiten des Kurorts unter seine Regeln gestellt hatte: Vieles, was allgemein als typisches Verhalten für den Gentleman gilt, wurde von Nash eingeführt – er untersagte zum Beispiel den Herren, in Gegenwart von Damen zu rauchen. Seine Vorschriften machten keine Standesunterschiede, so daß sich Bürger, Adelige und *Royals* in Tunbridge Wells gleichermaßen wohl fühlten.

Wenn Sie das Mineralwasser probieren wollen, von dem auch Händel sich Gutes versprach, gehen Sie vom Bahnhof aus nach rechts die Mount Pleasant Road/High Street hinab und folgen den Fußweg-Schildern mit der Aufschrift *»The Pantiles«*. Hinter diesem Namen verbirgt sich eine Promenade aus dem 17. Jahrhundert, die einst mit holländischen Dachpfannen (*pan-tiles*) gepflastert war. Den Säulengang mit seinen kleinen Läden und Cafés, die winzige Fischmarkt-Halle (jetzt Touristen-Information), die »Musick Gallery« und die Kirche King Charles-the-Martyr würde Händel unschwer wiedererkennen, denn in Tunbridge Wells wird das architektonische Erbe des 18. Jahrhunderts liebevoll gepflegt. Als er 1734, 1738 und 1758 (wahrscheinlich noch häufiger) hier zur Kur weilte, stand allerdings das Badehaus am Ende der Pantiles noch nicht. Unter seinem Portikus steigt man einige Stufen zur Heilquelle hinab und zahlt dem *Dipper* einen kleinen Betrag für das Füllen eines Glases – das Wasser selbst kostet nichts. Bummelt man dann wieder die Promenade entlang, kommt man am ehemaligen Theater von 1802 vorbei, in dem der große Shakespeare-Darsteller Edmund Kean debütierte. Später in eine Kornbörse (Corn Exchange) umgewandelt, beherbergt es jetzt eine Art szenisches Museum: Un-

David und Eva Garrick. Ölgemälde von William Hogarth, um 1757

ter dem Motto »*A Day at the Wells*« wandert der Besucher durch neugeschaffene, mit lebensgroßen Figuren bevölkerte Räume aus der Zeit um 1740. Diese Show ist glücklicherweise nicht als Spektakel konzipiert, sondern als informative und gleichzeitig humorvolle dreidimensionale Bildergalerie.

Natürlich war Händel nicht der einzige prominente Gast: auch David Garrick und seine Frau Eva erholten sich hier vom anstrengenden Theateralltag; Lavinia Fenton, 1728 als erste Polly Peachum in der *Beggar's Opera* gefeiert, kam viele Jahre später als Duchess of Bolton nach Tunbridge Wells und schenkte der Kirche die heute noch funktionierende Turmuhr. Im Sommer 1764 sollten Wolfgang und Nannerl Mozart im Ballsaal vor der zu Kur und Spiel versammelten High Society konzertieren, doch dieser Reiseplan zerschlug sich wegen einer Erkrankung ihres Vaters.

Während der warmen Jahreszeit finden auf den Pantiles häufig Konzerte und Tanzvorführungen in Kostümen der Händel-Zeit statt. Die Stadt hat jedoch noch viel mehr zu bieten: Ein Rundweg (Circular Promenade; Broschüre bei der Tourist Information) führt zu Sehenswürdigkeiten wie Jerningham House, einem Hotel aus dem frühen 18. Jahrhundert (vielleicht Händels Quartier?), oder den idyllischen Kopfsteingassen am Mount Sion. Im Vorort Southborough liegt David Salomon's House mit einem viktorianischen Theater, in dem alljährlich im Sommer ein kleines Opernfestival mit Nachwuchskünstlern veranstaltet wird. Nehmen Sie also Zeit mit, womöglich mehr als einen Tag, und entdecken Sie auch das Umland von Tunbridge Wells, ein Eldorado für Kunst-, Garten- und Wanderfreunde! Sissinghurst, Hever Castle, Finchcocks (s. S. 137) oder Penshurst Place sind nur einige der lohnenden Ziele im Umkreis von etwa 20 Kilometern.

Kammermusik um 1750.
Entwurf für eine
Konzertkarte von
William Hogarth

Musikinstrumenten-sammlungen in London und Umgebung

Wohl keine andere europäische Stadt bietet dem Musikfreund einen solchen Reichtum an öffentlichen und privaten Instrumentensammlungen wie London mit seiner näheren Umgebung. Den weitesten Blick zurück erlaubt dabei das British Museum (Great Russell Street, Bloomsbury), wo es zwar keine gesonderte Abteilung gibt, aber innerhalb der Schausammlungen auch Musikinstrumente (z. B. altägyptische Harfen oder eine englische Gittern aus dem 13. Jahrhundert) und interessante Darstellungen von Musikern aus vielen Kulturen zu finden sind – so etwa jene zauberhaften Himmelswesen, die auf einem indischen Relief des 12./13. Jahrhunderts die Hochzeit des Urgötterpaares Shiva und Parvati feiern (Room 33). Auf Instrumente spezialisiert sind die folgenden Museen:

Fenton House

(Hampstead Grove, Hampstead)
Seit 1952 gehört das 1693 erbaute Haus – eines der ältesten Gebäude von Hampstead – dem National Trust, der es in einer charmanten »bewohnten« Atmosphäre erhält und hier (neben einer Kollektion von europäischem und asiatischem Porzellan) eine hervorragende Sammlung von historischen Tasteninstrumenten untergebracht hat. Sie wurde von Major George Henry Benton Fletcher (gest. 1944) mit der Absicht zusammengetragen, diese Klangwerkzeuge wieder spielbar und für Musikstudenten zugänglich zu machen. Da viele Interessierte diese Möglichkeit wahrnehmen (Voranmeldung erforderlich), ist die Wahrscheinlichkeit groß, daß während einer Besichtigung die Cembali, Spinette, Virginale und Hammerflügel auch zu hören sind. Zur Sammlung gehört als Leihgabe des Königshauses ein Cembalo von Johannes Ruckers (Antwerpen 1612), das der Überlieferung nach aus Händels Besitz stammt. Im Sommer finden Hauskonzerte statt.
Auch der Garten von Fenton House gehört zu den Sehenswürdigkeiten von Hampstead. Er wird zur Zeit in einigen Teilen wieder so gestaltet, wie ein typischer Zier- und Küchengarten des frühen 18. Jahrhunderts angelegt war.

Cembalo von Burkat Shudi und John Broadwood, 1770, in Fenton House

Horniman Museum
(100 London Road, Forest Hill)
Zu Unrecht steht dieses Museum – ein schönes Denkmal des Art-Nouveau-Stils – im Schatten der berühmten Sammlungen im Stadtzentrum. Seine Gründung verdankt es dem Teekaufmann Frederick J. Horniman, der das Museum und den dazugehörigen Park bei der Eröffnung 1901 der Bevölkerung von London schenkte. Es besitzt eine der größten Instrumentensammlungen der Welt mit etwa 6000 Stücken, viele davon aus dem außereuropäischen Bereich. Im 1993 eingerichteten neuen Music Room sind über tausend Musikinstrumente zu besichtigen, wobei modernste Museumstechnik Informationen über Bau, Spieltechnik und Musikrepertoire beisteuert. »Live« erklingen die Schätze der Sammlung bei Museumskonzerten. – Etwa zwei Kilometer westlich vom Horniman Museum liegt die Dulwich Picture Gallery (College Road), Englands älteste öffentliche Gemäldegalerie in einem 1814 vollendeten Gebäude von Sir John Soane. In dieser Sammlung befinden sich einige hervorragende Porträts englischer Musiker (z. B. der Sängerinnen-Schwestern Elizabeth und Mary Linley) von Thomas Gainsborough. Auch hier finden Konzerte statt.

Musical Museum
(368 High Street, Brentford)
In einer ehemaligen Kirche in der Nähe der Bahnstation Kew Bridge hat Frank Holland eine Sammlung von automatischen Musikinstrumenten zusammengetragen. Selbstspielende Klaviere und die Wurlitzer-Orgel werden während einer etwa einstündigen Führung vorgestellt. Das Museum ist von April bis Oktober geöffnet (nicht täglich; Tel. 0181-560 8108).

Ranger's House
(Chesterfield Walk, Greenwich Park, Blackheath)
Im vorigen Jahrhundert diente die elegante, um 1700 erbaute Villa als Wohnung der Oberaufsehers (*Chief Ranger*) von Greenwich Park; seit 1974 beherbergt sie einen Teil der Suffolk-Gemäldesammlung und Musikinstrumente aus der Dolmetsch Collection. Ihr Begründer, Arnold Dolmetsch (1858–1940), war einer der Pioniere auf dem Gebiet der Alten Musik und der Wiederentdeckung ihres Instrumentariums. Ausgebildet als Klavierbauer, begann er vor etwa hundert Jahren, Cembali, Clavichorde, Gamben und Blockflöten nachzubauen, und begründete damit eine Familientradition, die heute in Haslemere (Surrey) fortgeführt wird.
Auch im Ranger's House können Sie Kammerkonzerte erleben; außerdem veranstaltet die Organisation English Heritage hier mehrmals im Jahr *Special Events*, bei denen man auf amüsante Weise die Lebensart vergangener Epochen kennenlernt (Informationen über Tel. 0171-973 3396).

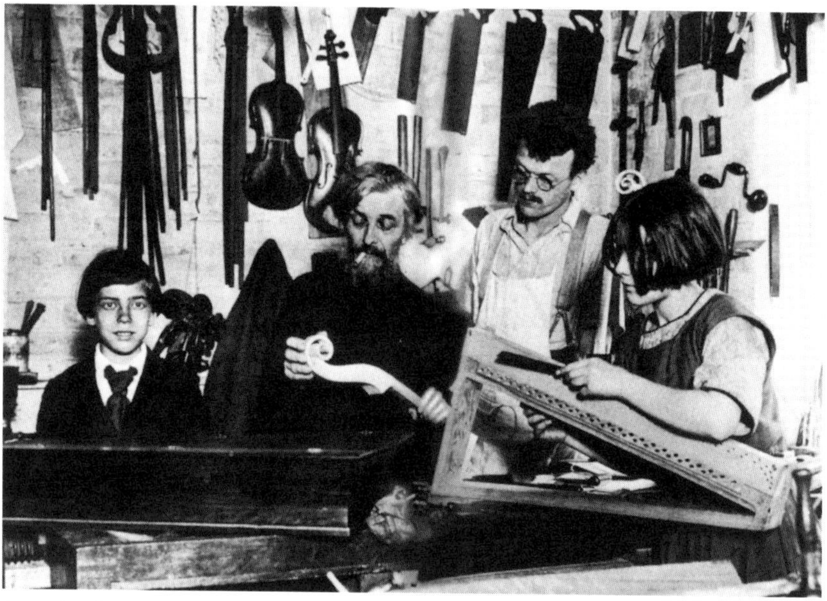

Arnold Dolmetsch (2. von links) in seiner Werkstatt, um 1920

Royal College of Music
(Prince Consort Road, South Kensington)
Sir George Donaldson stiftete 1894 der königlichen Musikhochschule seine Sammlung von etwa sechshundert Musikinstrumenten, zu denen ein Spinett aus Händels Besitz und Joseph Haydns Clavichord gehören. Für die Besichtigung (nur zu eng begrenzten Zeiten möglich) empfiehlt sich eine telefonische Voranmeldung (Tel. 0171-59 3643).

Victoria & Albert Museum
(Cromwell Road, South Kensington)
Was Prinzgemahl Albert 1852 als Museum of Manufactures in Marlborough House eröffnete, ist nach einigen Umbenennungen und Umzügen zu der wohl weltgrößten und -besten Sammlung angewandter Kunst geworden.
Für Musikfreunde gibt es in diesem Universum einige Fixpunkte: Vom Costume Court im Erdgeschoß aus gelangt man in den darüberliegenden Saal (Room 40a) der Instrumentensammlung. Wenn auch alles, was hier ausgestellt ist, von hervorragender Handwerkskunst zeugt, so verdienen doch das Cembalo von Andreas Ruckers d. Ä. (1631, angeblich Händels Instrument), die mit superber Einlegearbeit verzierte Viola da Gamba von Martin Voigt (1726) und Joachim Thielkes Gitarre (1693) ganz besondere Beachtung.

Musikinstrumente sind jedoch auch in den Galerien zu finden, die den Einrichtungsstilen einzelner Länder und Epochen gewidmet sind. Ein Besuch der englischen Abteilung (Level B, Room 51–58) führt beispielsweise zu einem Claviorganum (Kombination von Cembalo und Orgel, 1572) und einem prunkvollen Virginal, auf dem Elizabeth I. musizierte. Hier wurde auch der wunderbare, weiß-goldene Musiksaal (1756) aus dem abgerissenen Norfolk House wiederaufgebaut (s. S. 33). Zur französischen Abteilung (Untergeschoß, Rooms 1–7) gehören zwei Cembali von Jean-Antoine Vaudry und Pascal Taskin. Im Obergeschoß (Room 125/126) erinnern ein Modell und Originalgemälde an Vauxhall Gardens, jene unvergleichliche Vergnügungsstätte, in der man promenieren, essen, trinken und Musik hören konnte. Einem Komponisten, nämlich Georg Friedrich Händel, wurde in Vauxhall schon zu Lebzeiten ein Denkmal (von Louis François Roubiliac) gesetzt. Es steht jetzt in der Statuensammlung im Erdgeschoß des »V&A« (Room 50a) und zeigt den großen Meister zwar in der Art Apollons eine antike Lyra zupfend, aber im übrigen ganz bürgerlich-leger in Hauskleidung und mit wippendem Pantoffel. Offenbar gefiel er sich selbst und seinem Publikum so besser als mit Perücke und Galarock!
Wer an mittelalterlichen Instrumenten interessiert ist, sollte es nicht versäumen, in der *Plaster Cast Collection* (Gipsabgußsammlung, Room 46a) die Kopie des *Pórtico de la Gloria* der Wallfahrtskirche von Santiago de Compostela (spätes 12. Jahrhundert) zu besichtigen. Im Tympanon sind die Vierundzwanzig Ältesten der Apokalypse dargestellt, wie sie unterschiedliche Zupf- und Streichinstrumente spielen – ein romanisches »Orchester«, das sich hier bequemer (am besten unter Zuhilfenahme eines Fernglases) studieren läßt als an seinem Originalstandort.

Außerhalb von London:

Finchcocks Living Museum of Music

(bei Goudhurst, Kent)
1970 kaufte der Instrumentenbauer Richard Burnett das Herrenhaus Finchcocks (1725) und richtete neben seiner Werkstätte eine Instrumentensammlung ein, die inzwischen an die achtzig historische Tasteninstrumente umfaßt. Viele von ihnen sind spielbar und werden den Besuchern vorgeführt, außerdem gibt es Konzerte und Veranstaltungen im äußerst sehenswerten Garten. Finchcocks ist von Anfang April oder Ostern bis Ende September am Sonntagnachmittag geöffnet (im August auch öfter; Information über Tel. 01580-211702).

Hatchlands Park

(East Clandon, bei Guildford, Surrey)
Kunst-, Garten- und Musikliebhaber kommen in Admiral Boscawens Herrenhaus (erbaut um 1755) gleichermaßen auf ihre Kosten: Robert Adam lieferte Entwürfe für das Interieur,

Humphrey Repton plante den Park, Gertrude Jekyll legte den kleinen Garten an, und seit 1988 kann in diesem stilvollen Rahmen die Cobbe Collection mit historischen Tasteninstrumenten, Gemälden und Möbeln aus dem 18. Jahrhundert besichtigt werden. Haus, Park und Garten gehören dem National Trust und sind von Anfang April bis Ende Oktober zugänglich (tägl. außer Mo, Fr, Sa; im August auch Fr; Tel. 01483-222482).

**Ein Straßenmusiker,
um 1950**

Musiker-Stätten abseits der Spazierwege

Unsere sieben Wege haben uns durch die inneren Stadtviertel geführt, ohne dabei alle musikgeschichtlich bedeutenden Gebäude zu berühren – andernfalls wären aus den Spaziergängen Tageswanderungen geworden! Überdies gibt es noch vieles in den äußeren Bezirken zu entdecken, die im 19. und 20. Jahrhundert als Wohnquartiere immer beliebter geworden sind. Die folgenden Adressen sollen das Programm der Spaziergänge ergänzen und Anregungen für weitere Streifzüge geben. Sie sind topographisch zusammengefaßt, d. h. nach Himmelsrichtungen angeordnet, wobei Piccadilly Circus das Zentrum der Windrose bildet.

In einer Seitenstraße der Oxford Street lag das 1774 bezogene Wohnhaus von **Johann Christian Bach** (80 Newman Street). Der »Londoner Bach« war nicht nur ein ungemein vielseitiger, vom jungen Mozart sehr geschätzter Komponist, sondern auch ein bewunderter Virtuose. In einem seiner Konzerte hörte das Londoner Publikum im Juni 1768 zum erstenmal ein Pianoforte anstelle des Cembalos.

In nordwestlicher Richtung liegt die Great Marlborough Street, wo sich im Haus No. 18 die Londoner Filiale der Pariser Klaviermanufaktur Erard befand. Im Juni 1824 traf hier das zwölfjährige Wunderkind **Franz Liszt** ein. Seinen ersten, sensationellen Auftritten in England folgten 1840 und 1841 weitere Londoner Konzerte, allerdings in einer kühleren Atmosphäre, da Liszts Liaison mit Marie d'Agoult das Mißfallen der sittenstrengen Queen Victoria erregte.

Hector Berlioz wohnte während der Großen Ausstellung von 1851, bei der er zu den Jury-Mitgliedern für die Musikinstrumente gehörte, im Haus No. 58 Queen Anne Street. Nicht weit davon, in No. 2 Manchester Square, lebte der Komponist **Julius Benedict** (1804–1885). Als Sohn eines jüdischen Bankiers in Stuttgart geboren, kam er nach dem Studium bei Carl Maria von Weber und Anstellungen in Neapel und Paris 1835 nach London, wo er sich als Dirigent, Pianist und Lehrer schnell einen Namen machte. Sein größter Erfolg war die heute vergessene, volkstümliche Oper *The Lily of Killarney*.

An der Ostseite des Regent's Park

Louis Spohr. Gemälde von Johann Roux, 1838

Ralph Vaughan Williams, 1958

(3 Chester Place) residierte der aus Prag stammende Pianist und Komponist **Ignaz Moscheles** (1794–1870). Nachdem er London bereits als reisender Virtuose kennengelernt hatte, ließ er sich 1825 hier nieder. Dank seines pädagogischen Geschicks und seiner Warmherzigkeit wurde sein Haus zum Treffpunkt eines großen Kreises von Schülern und Freunden; auch Felix Mendelssohn war bei seinen England-Besuchen häufig hier zu Gast. Nicht weit vom Park entfernt bezog **Louis Spohr** (1784–1859) während seines ersten Aufenthalts in London im Frühjahr 1820 eine Wohnung (49 Charlotte Street). Er überraschte die englischen Musiker mit etwas Unbekanntem: dem Taktstock, mit dessen Hilfe er das Orchester zu einem bis dahin nicht gehörten präzisen Zusammenspiel führte. Spohr kehrte noch fünfmal nach London zurück, wo er 1852 seine Oper *Faust* zur Uraufführung brachte.

In der hochvornehmen Hanover Terrace (No. 10) an der Westseite des Parks wohnte **Ralph Vaughan Williams** (1872–1958), der einflußreichste englische Komponist seiner Generation. Im Lauf seines langen Lebens wurde er zu einer Institution des britischen Kulturlebens – er konnte, wie Hubert Parry einmal von Elgar sagte, »die Herzen der Menschen erreichen«. Gleichzeitig kannte man ihn als aufrechten Liberalen: Bevor er 1937 den Hamburger Shakespeare-Preis entgegennahm, ließ er die Öffentlichkeit wissen, daß er mehreren Gesellschaften angehöre, deren Ziel die Bekämpfung des Nationalsozialismus sei. Als er sich für jüdische Emigranten einsetzte, wurde seine Musik in Deutschland 1939 verboten.

Im Stadtteil St. John's Wood trifft man

Edward Elgar und der junge Yehudi Menuhin vor den Abbey Road Studios, 1932

Die Beatles und George Martin bei den Aufnahmen zu »Sergeant Pepper« im EMI-Studio 2

auf die Abbey Road mit den Aufnahmestudios der Firma EMI (No. 3). Hier entstand 1932 die erste bedeutende Aufnahme des jungen **Yehudi Menuhin** (Elgars Violinkonzert unter der Leitung des Komponisten); 1944, kurz vor seinem Tod, spielte **Glenn Miller** mit der American Band of the Allied Expeditionary Force seine Swing-Klassiker ein, die als *Music for the Wehrmacht* über die BBC nach Deutschland ausgestrahlt wurden (1995 wiederveröffentlicht). Zu Weltruhm gelangte die Straße allerdings erst 1969 durch das *Abbey Road*-Album der **Beatles.**

Westlich von Piccadilly Circus, am Rand von Kensington Gardens, lebte der Pianist **Edward Dannreuther** (12 Orme Square). Im Mai 1877 waren **Richard** und **Cosima Wagner** bei ihm zu Gast; Wagner dirigierte in diesem Monat gemeinsam mit Hans Richter acht Konzerte mit eigenen Werken. **William Sterndale Bennett** (1816–1875), der begabteste romantische Komponist der englischen Schule, wohnte von 1870 bis 1872 ebenfalls in Bayswater (18 Porchester Terrace). Befreundet mit Mendelssohn und Schumann, genoß er auch in Deutschland großes Ansehen und wurde 1853 sogar eingeladen, die Direktion der Leipziger Gewandhauskonzerte zu übernehmen. Er sagte jedoch ab und widmete sich seinen vielfältigen Verpflichtungen in England, die ihm bald keine Zeit mehr zum Komponieren ließen. Seine frühen Orchesterwerke und Klavierkonzerte, die Schumanns Bewunderung erregten, sind neuerdings wieder zu hören.
In der Nähe von Kensington Gardens (56 Holland Street) lag die Wohnung

William Sterndale Bennett. Ölgemälde von James Warren Childe, um 1832

Benjamin Britten

von **Charles Villiers Stanford** (1852–1924), der zusammen mit dem nahebei wohnenden **Hubert Parry** (1848–1918; 17 Kensington Square) und Elgar zu den großen Gestalten der »Renaissance der englischen Musik« im späten 19. Jahrhundert gezählt wird. Die Kirchenmusik von Stanford und Parry hat bis heute einen festen Platz im Repertoire englischer Chöre.

Benjamin Britten ließ sich 1947 in Aldeburgh (Suffolk) nieder, wo er das für die Entwicklung der modernen englischen Musik so wichtige Festival begründete. Er besaß von 1948 bis 1953 eine Londoner Stadtwohnung südlich des Holland Park (22 Melbury Road). Während dieser Jahre entstanden seine Opern *Billy Budd* und der Liederzyklus *Winter Words*.

In South Kensington, südwestlich von Piccadilly Circus, lebte von 1858 bis 1887 – damals noch in ländlicher Umgebung – die »schwedische Nachtigall« **Jenny Lind** (189 Old Brompton Road, nahe The Boltons). Im Mai 1849, nur zwei Jahre nach ihrem Londoner Debüt, hatte sie ihre aufsehenerregende, kurze Opernkarriere noch vor ihrem neunundzwanzigsten Geburtstag beendet. Danach gab sie Konzerte in Europa und Nordamerika; 1883 wurde sie zur Professorin am Royal College of Music ernannt.

Weit vom Stadtzentrum entfernt, im Vorort Barnes (10 The Terrace, an der Themse), ließ sich der Komponist **Gustav Holst** (1874–1934) nieder. Seine Opern, Chorwerke und Lieder stehen heute im Schatten des populären Orchesterzyklus *Die Planeten* (1914–1920), den Holst selbst jedoch nie als sein bestes Werk betrachtete. Mit seinem facettenreichen Œuvre gab er den jüngeren britischen Komponisten,

Jenny Lind. Fotografie um 1880

darunter Britten und Michael Tippett, vielfältige Anregungen.

Orgelliebhaber sollten auch einmal die südöstliche Richtung einschlagen: jenseits der Themse finden sie in der Kirche St. Mary, Rotherhithe (St. Marychurch Street, zwischen Brunel Road und dem Fluß), eine der schönsten erhaltenen englischen Orgeln aus dem 18. Jahrhundert, 1764/65 erbaut von **John Byfield II**. Weiter flußabwärts, in Greenwich, ist ein Glasfenster in der Kirche St. Alfege (Greenwich Church Street, Ecke High Road) dem dort begrabenen **Thomas Tallis** (1505–1585) gewidmet, einem der bedeutendsten Komponisten der Tudor-Zeit. Mit der vierzigstimmigen Motette *Spem in alium non habeo* hinterließ er ein grandioses Werk, das möglicherweise am vierzigsten Geburtstag von Elizabeth I. (1573) aufgeführt wurde und eine Eingabe der notleidenden königlichen Musiker um bessere Entlohnung unterstützen sollte.

Anton Bruckner

Im Nordosten erinnert ein kleines Museum (Wesley Chapel and Museum, 47 City Road) an **John Wesley** (1703–1791) und seinen Bruder **Charles** (1707–1788), die Begründer des Methodismus. Zum großen Erfolg ihrer Bewegung trug der in England bis dahin kaum bekannte Gemeindegesang nicht wenig bei; Charles komponierte und bearbeitete mehrere hundert Lieder für den Gottesdienst. Aus der Familie Wesley kamen zwei weitere Komponisten: der Bach-Enthusiast **Samuel** (1766–1837) und **Samuel Sebastian** (1810–1876), einer der großen englischen Kirchenmusiker. Unweit der Kapelle, in Seyds Hotel am Finsbury Square, nahm **Anton Bruckner** (1824–1896) 1871 Quartier, als er nach London eingeladen worden war, um bei der Einweihung der Royal Albert Hall die monumentale Willis-Orgel zu spielen und – mit überwältigendem Erfolg – Orgelkonzerte im Kristallpalast zu geben (Haus auf dem Grundstück der jetzigen Nrn. 39–45 Finsbury Square; Gedenktafel).

Sir Malcolm Sargent dirigiert das Sydney Symphony Orchstra und die Royal Choral Society in einem Konzert in der Royal Festival Hall, 1965

Konzertstätten in London

Barbican Hall
(Barbican Arts and Conference Centre, Silk Street)
Der Konzertsaal (2000 Plätze), Heimat des London Symphony Orchestra, ist ein Teil des riesigen, 1982 eröffneten Kulturzentrums. Es entstand als Gegenstück zum Pariser Centre Pompidou oder dem New Yorker Lincoln Center in einem vollständig kriegszerstörten Stadtviertel und bietet neben Konzerten auch Theater, Kino und Kunstausstellungen.

Brompton Oratory
(Brompton Road, neben dem Victoria & Albert Museum)
Italienischer Marmorprunk mitten in London: Nach dem Vorbild der Chiesa Nuova (Rom) erbaute der Oratorianer-Orden 1880–1884 die Kirche seiner englischen Niederlassung. Sie ist bekannt als Veranstaltungsort hervorragender Kirchenkonzerte.

Purcell Room
(South Bank)
Im »kleinen Bruder« der Queen Elizabeth Hall finden Kammerkonzerte (oft Renaissance- und Barockmusik) und Vorträge statt (386 Plätze).

Queen Elizabeth Hall
(South Bank)
1967 als Erweiterungsbau des South Bank-Kulturzentrums eröffnet, bietet dieser Saal (1094 Plätze) den Rahmen für Solokonzerte und Musik für Kammerorchester, wird aber auch als Kino genutzt. Die kleine Orgel stammt von der holländischen Firma Flentrop.

Royal Albert Hall
(Kensington Gore)
Der große Museums- und College-Bezirk südlich des Hyde Park, zu dem auch die Royal Albert Hall gehört, geht auf eine Idee von Prinzgemahl Albert zurück: Dieser plante, aus dem Erlös der Weltausstellung von 1851 eine »Stadt der Bildung und Wissenschaft« für ganz England anzulegen. Die runde Konzerthalle wurde 1871 zusammen mit dem Albert Memorial von Königin Victoria als Denkmal für ihren 1861 verstorbenen Gatten eingeweiht. Schon bei der Eröffnungsrede und erst recht bei dem ersten Konzert (unter der Leitung von Charles Gounod) bemerkte man, daß die gewaltigen Dimensionen (40,5 m Höhe der Kuppel, 6500 Plätze) große akustische Probleme mit sich brachten, die erst 1968 behoben werden konnten.
Europas beste Organisten nahmen im August 1871 an einem Wettbewerb zur Einweihung der viermanualigen, damals von einer 20 PS-Dampfmaschine betriebenen Willis-Orgel teil; der Sieger hieß Anton Bruckner. Von den unzähligen nachfolgenden musikalischen Großereignissen sollen nur zwei erwähnt werden: Im März 1884 führte Antonín Dvořák auf Einladung von Hans Richter hier sein *Stabat Mater* auf – das Konzert wurde ein Triumph, der Dvořák endlich übernationale Anerkennung und dringend benötigtes Geld einbrachte. 1906 gab

Jacqueline Du Pré, 1969

die italienische Primadonna Adelina Patti (1843–1919) nach einer weltumspannenden Karriere in der Royal Albert Hall ihr Abschiedskonzert.
Seit der Zerstörung der Queen's Hall (1941) ist die Rotunde der Veranstaltungsort der allsommerlichen *Promenade Concerts*, einer buntgemischten Konzertserie, die mit der legendären *Last Night of the Proms* ausklingt.

Royal Festival Hall
(South Bank, Belvedere Road)
Um die auch in England sehr harte Nachkriegszeit gewissermaßen offiziell zu beenden, wurde 1951 auf dem Südufer der Themse ein *Festival of Britain* gefeiert. Von allen dafür errichteten Bauten steht nur noch die Royal Festival Hall (2895 Plätze), die zum Mittelpunkt des South Bank-Kulturzentrums wurde. Hier finden große Symphoniekonzerte statt. 1954 errichtete die Firma Harrison & Harrison die große Orgel hinter dem Konzertpodium.

St. John's Smith Square
(Smith Square, südl. von Westminster Abbey)
Dem Barock-Architekten Thomas Archer verdankt diese 1728 geweihte Kirche ihren exzentrischen Grundriß: Vier Türme betonen die Ecken des Gebäudes, so daß schon Archers Zeitgenossen über den »umgekehrten Fußschemel« spotteten. Nach der Zerstörung im Zweiten Weltkrieg wurde St. John's 1969 als Konzertsaal wiedereröffnet.

Wigmore Hall
(36 Wigmore Street)
Seit seiner Eröffnung als Bechstein Hall (1901) gilt der ehemalige Konzertsaal der Pianofortefabrik Friedrich Bechstein als akustisch bester Veranstaltungsort von London. Nachdem Bechstein bei Ausbruch des Ersten Weltkrieges enteignet worden war, gingen seine Immobilien in den Besitz des Konzerns Debenham's über, der den Saal 1917 als Wigmore Hall (550 Plätze) wiedereröffnete. Seitdem haben hier viele herausragende junge Künstler ihr London-Debüt gegeben, darunter – im März 1961 – die Cellistin Jacqueline Du Pré (1945–1987).

Quellenverzeichnis und Zitatnachweis

Bartha, Denes (Hg.): Joseph Haydn. Gesammelte Briefe und Aufzeichnungen. Kassel, Basel u. a. 1965 (S. 24, 73)

Bauer, Wilhelm A., und Deutsch, Otto Erich (Hg.): Mozart. Briefe und Aufzeichnungen. Bd. 1, Kassel, Basel u. a. 1962 (S. 28, 84)

Boswell, James: Dr. Samuel Johnson. Leben und Meinungen. Hg. von Fritz Güttinger. Zürich 1981 (S. 9)

Clutton, Cecil, und Niland, Austin: The British Organ. 4. Aufl., London 1969 (S. 106)

Deutsch, Otto Erich: Handel. A Documentary Biography. London 1955 (S. 15 f.)

Elvers, Rudolf (Hg.): Mendelssohn Bartholdy Briefe. Frankfurt am Main 1984 (S. 19)

Fontane, Theodor: Ein Sommer in London. Hg. von Harald Raykowski. Frankfurt am Main, Leipzig 1995 (S. 81)

Gärtner, Heinz: Johann Christian Bach. Mozarts Freund und Lehrmeister. München 1989 (S. 60 f.)

Litzmann, Berthold: Clara Schumann. Ein Künstlerleben. Bd. 3. Leipzig 1920 (S. 8, 21 f.)

Mattheson, Johann: Das Neu=Eröffnete Orchestre. Hamburg 1713 (S. 8)

Mettin, H. Ch.: Fürst Pückler reist nach England. Aus den Briefen eines Verstorbenen. München 1965 (S. 17)

The New Grove Dictionary of Music and Musicians. Hg. von Stanley Sadie. London 1980 (S. 16 f., 41, 89, 95)

Piper, David: London. München 1966 (S. 13, 33, 103 f., 112)

Rombeck, Hans, und Neumann, Wolfgang: Die Beatles. Ihre Karriere, ihre Musik, ihre Erfolge. Aktual. Neuausg., Bergisch Gladbach 1995 (S. 57)

Schenk, Erich: Mozart. Sein Leben – seine Welt. 2. Aufl., München 1975 (S. 62)

Siegmund-Schultze, Walther (unter Mitarbeit von Konrad Sasse): Georg Friedrich Händel. Beiträge zu seiner Biographie aus dem 18. Jahrhundert. Wilhelmshaven 1979 (S. 15)

Taylor, Gary: Shakespeare – wie er euch gefällt. Eine Kulturgeschichte von der Restauration bis zur Gegenwart. Reinbek 1994 (S. 92)

Warrington, John: The Diary of Samuel Pepys. Vol. 1. London 1906, repr. 1963 (S. 111 f.)

Weinreb, Ben, und Hibbert, Christopher: The London Encyclopedia. Rev. ed., London, Basingstoke 1995 (S. 43, 56, 97)

Winter, Helmut (Hg.): Samuel Pepys. Tagebuch aus dem London des 17. Jahrhunderts. 3. Aufl., Stuttgart 1981 (S. 112)

(Englische Zitate wurden von der Autorin übersetzt.)

Literaturverzeichnis

Amery, Colin: Wren's London. Luton 1988

Atkins, William Maynard: The Parish Church of Saint George, Hanover Square. London 1976

Banqueting House Whitehall. Her Majesty's Stationery Office. 2. Aufl., London 1982

Bicknell, Stephen: The History of the English Organ. Cambridge 1996

Burrows, Donald: Handel. Oxford 1994

Calendoli, Giovanni: Tanz. Kult – Rhythmus – Kunst. Braunschweig 1986

Dictionary of National Biography. London 1885–1901 und Ergänzungsbände

Downes, Kerry: The Georgian Cities of Britain. Oxford 1974

Fraser, David (Hg.): Fairest Isle. The BBC Radio 3 Book of British Music. London 1995

French, Ylva: Blue Guide London. 15th ed., London 1994

The Georgian Playhouse. Actors, Artists, Audiences and Architecture 1730–1830. Ausstellungskatalog, Hayward Gallery. London 1975

Godbolt, Jim: Die Welt des Jazz. Erlangen 1994

King, Robert: Henry Purcell. London 1994

Kleßmann, Eckart: Die Mendelssohns. Bilder aus einer deutschen Familie. Frankfurt am Main, Leipzig 1993

Lambert, John: Illustrated Guide to St. James's Church Piccadilly. 2. Aufl., London 1979

Lang, Paul Henry: Händel. Kassel 1981

Lee, Edward: Musical London. London 1995

Munzinger-Archiv: Pop-Archiv International (in Zusammenarbeit mit dem Saarländischen Rundfunk). Saarbrücken, Ravensburg 1990 ff.

The National Trust Handbook for Members and Visitors. [London] 1996

The New Grove Dictionary of Jazz. Hg. von Barry Kernfeld. London 1988

The New Grove Dictionary of Music and Musicians. Hg. von Stanley Sadie. London 1980

The New Grove Dictionary of Opera. Hg. von Stanley Sadie. London 1992

Palezieux, Nikolaus de: Gluck. Reinbek 1988

Palmer, Robert: Mick Jagger und die Stones. Ravensburg 1988

Pevsner, Nikolaus: London. The Cities of London and Westminster. Rev. by Bridget Cherry (The Buildings of England, vol. 1). 3. Aufl., Harmondsworth 1973
Pevsner, Nikolaus: London except the Cities of London and Westminster (The Buildings of England, vol. 5). Harmondsworth 1952
Pohl, Carl Ferdinand (weitergeführt von Hugo Botstiber): Joseph Haydn. Bd 3. Leipzig 1927
Powell, Anton: Londonwalks. 3. Aufl., London 1988
Ribeiro, Alvaro SJ (Hg.): The Letters of Dr. Charles Burney. Vol. I: 1751–1784. Oxford 1991
Roberty, Marc: Clapton. Sein Leben, seine Musik. Schindellegi 1992
Rombeck, Hans, und Neumann, Wolfgang: Die Beatles. Ihre Karriere, ihre Musik, ihre Erfolge. Bergisch Gladbach 1995
Russell, Raymond: A Catalogue of Early Keyboard Instruments. The Benton Fletcher Collection at Fenton House. 5. Aufl., London 1991
Saunders, Ann: The Art and Architecture of London. An illustrated guide. 2. Aufl., Oxford 1988
Silvester-Carr, Denise (Text) und Butler, Andrew (Fotos): London. London 1991
Simon, Jacob (Hg.): Handel. A Celebration of his Life and Times 1685–1759. Ausstellungskatalog, National Portrait Gallery. London 1985
St. John, Christopher: Ethel Smyth – a Biography. London 1959
Sumner, William Leslie: The Organ. Its Evolution, Principles of Construction and Use. 4. Aufl., London 1973
Terry, Charles Sandford: John Christian Bach. London 1928
Turner, Christopher: London Step by Step. Rev. ed., Ashbourne 1995
Warrack, John: Carl Maria von Weber. Hamburg, Düsseldorf 1972
Watkin, David: English Architecture. A concise history. London 1974, repr. 1994
Wittich, John: London Villages. 4., erw. Aufl., Princes Risborough 1992

Bildnachweis

Aus: Amery, Colin: Wren's London. Luton: Lennard Publishing 1988 Vorsatz vorn – Archiv für Kunst und Geschichte, Berlin S. 144 – Erich Auerbach (© Hulton Getty) Cover, S. 77, 109, 141 oben, 145 – Aus: Burger, Ernst: Franz Liszt. Eine Lebenschronik in Bildern und Dokumenten. München: Paul List Verlag 1986 S. 76 – Aus: Buskin, Richard: John Lennon. Leben und Legende. Erlangen: Karl Müller Verlag 1991 S. 142 oben (Globe Photos, Inc./Frank Hermann) – Aus: Camner, James (Hg.): Great Composers in Historic Photographs. 244 Portraits from the 1860s to the 1960s. Mineola: Dover Publications 1981 S. 25 (Lim M. Lai), 78, 143 oben – Aus: Camner, James (Hg.): Great Opera Stars in Historic Photographs. 343 Portraits from the 1850s to the 1940s. Mineola: Dover Publications 1978 S. 72 unten, 73, 143 unten – Aus: Deutsch, Otto Erich: Handel. A Documentary Biography. London: Adam and Charles Black 1955 S. 14 – Aus: *Early Music*, Vol. 6 Nr. 4 (October 1978) S. 133; Vol. 8 Nr. 2 (April 1980) S. 104/105 – Aus: Fonteyn, Margot: Vom Zauber des Tanzes. Rüschlikon-Zürich: Albert Müller Verlag 1981 S. 64 (Theatre and Music Collection of the Museum of the City of New York), 72 oben – Aus: Fordham, John: Jazz. Geschichte, Instrumente, Musiker, Aufnahmen. München: Christian Verlag 1994 S. 55 unten – Aus: Fraser, David (Hg.): Fairest Isle. BBC Radio 3. Book of British Music. London: BBC 1995 S. 31 (Private Collection), 87 (Fitzwilliam Museum, Cambridge), 94 (Lewis Foreman Collection), 96 (Fotomas Index), 141 unten (Royal College of Music), 142 unten (Royal Academy of Music) – Aus: Gay, John: The Beggar's Opera. New York: Dover Publications 1973 S. 93, 95 – Aus: The Georgian Playhouse. Actors, Artists, Audiences and Architecture 1730–1830. Ausstellungskatalog (Hayward Gallery London, 21. August–12. Oktober 1975) S. 75 (Private Collection), 131 – Aus: Godbolt, Jim: Die Welt des Jazz. Erlangen: Karl Müller Verlag 1994 S. 52, 54, 62, 64/65 – Aus: Hill, Roland: London. München: Verlag C. J. Bucher 1990 S. 2 (Martin Lüders, Berlin), 35 (Britische Zentrale für Fremdenverkehr, Frankfurt/M.), 57 (Sammlung Axel Schenck, München) – Aus: Homburg, Herfried: Louis Spohr. Bilder und Dokumente seiner Zeit. Kassel: Erich Röth-Verlag 1968 S. 140 – Aus: Hürlimann, Martin: London. Ein Bildband. Zürich/Freiburg i. Br. 1956 S. 46, 67, 101 – Aus: Jürgs, Michael, und Ziemann, Heinrich: Das Album der Beatles. Frankfurt am Main: Zweitausendeins 1984 S. 49 – Keystone, Hamburg S. 55 oben – Aus: King, Robert: Henry Purcell. London: Thames and Hudson Ltd. 1994 S. 42 (British Museum), 44/45, 47 (National Portrait Gallery) – Aus: Kohl, Norbert (Hg.): London. Eine europäische Metropole in Texten und Bildern. Frankfurt am Main: Insel Verlag 1979 S. 127 – Aus: Larsen, Jens Peter, und Feder, Georg: Haydn. Stuttgart/Weimar: Verlag J. B. Metzler 1994 S. 24 (Historisches Museum der Stadt Wien) – Aus: Lee, Edward: Musical London. London: Omnibus Press 1995 S. 90, 110 unten, 113 – Aus: Lépront, Catherine: Clara Schumann. Künstlerleben und Frauenschicksal. München: Wilhelm Heyne Verlag 1989 S. 22 – Aus: McLean, Ian: Große Komponisten – Wolfgang Amadeus Mozart. München: Orbis Verlag für Publizistik 1992 S. 27 – Aus: Money, Keith: Fonteyn & Nureyev. The Great Years. London: HarperCollinsPublishers 1994 S. 74 unten – Aus: Müller-Blattau, Joseph: Georg Friedrich Händel. Potsdam 1933 S. 29, 107, 121 – National Portrait Gallery/Clive Barda S. 147 – National Trust Photographic Library/Nadia MacKenzie S. 134 – © Werner Neumeister, München S. 41 – Aus: Nowel, Ingrid: London. Biographie einer Weltstadt. Geschichte und Literatur, Architektur und Kunst. Köln: DuMont Buchverlag 1986 S. 11 (Spectrum Colour Library, London), 26 (Guildhall Library, London), 33 (Guildhall Library, London), 112 (National Portrait Gallery, London), 114 (A. F. Kersing, London), 125 (Staatliche Museen Preußischer Kulturbesitz Berlin, Kunstbibliothek) – Aus: Olivier, Lawrence: Bekenntnisse eines Schauspielers. München: C. Bertelsmann Verlag 1985 S. 34 – Aus: Palmer, Robert: Mick Jagger und die Stones. Ravensburg: Ravensburger Buchverlag Otto Meier GmbH 1988 S. 53 (Denzo Hoffman, Rex Features/RDR Productions) – Aus: Pasi, Mario (Hg.): Ballett. Eine illustrierte Darstellung des Tanztheaters von 1581 bis zur Gegenwart. Wiesbaden: Drei Lilien Verlag 1980 S. 71 (Archivio Fotografico Mondadori) – Aus: Rackwitz, Werner: Georg Friedrich Händel. Lebensbeschreibung in Bildern. Leipzig: VEB Deutscher Verlag für Musik 1986 S. 97, 98/99, 129 – Aus: Raeburn, Michael, und Kendall, Alan (Hg.): Geschichte der Musik. Bd. I: Von den Anfängen bis zur Wiener Klassik. München: Kindler Verlag 1993 S. 39 (British Library), 60 (British Museum); Bd. II: Beethoven und das Zeitalter der Romantik. München: Kindler Verlag GmbH 1993 S. 30 (Bibliothèque Polonaise, Paris); Bd. IV: Das 20. Jahrhundert. München: Kindler Verlag 1993 S. 85 (Novosti Press Agency, London), 136 (Dolmetsch Musical Instruments) – Aus: Sadie, Stanley (Hg.): The New Grove Dictionary of Music and Musicians. London: MacMillan Publishers Ltd. 1980, Bd. 11 S. 17 (Mansell Collection, London), 23 (Mary Evans Picture Library, London); Bd. 1 S. 81 (National Portrait Gallery, London) – Aus: Saremba, Meinhard: Elgar, Britten & Co. Eine Geschichte der britischen Musik in zwölf Portraits. Zürich/St. Gallen: M&T Verlag 1994 S. 32 (Peter Joslin, Wokingham) – Aus: Schreiber, Wolfgang: Gustav Mahler. Reinbek: Rowohlt Taschenbuch Verlag 1971 S. 74 oben (Ullstein Bilderdienst, Berlin) – Aus: Seaborne, Mike: London in Photographien 1839–1994. Freiburg/Br.: Eulen Verlag Harald Gläser 1995 S. 117 (George David Reid), 139 (Henry Grant), Vorsatz hinten (John H. Stone) – Aus: Shapiro, Harry: Eric Clapton. St. Andrä-Wördern: Hannibal Verlag, Robert Azderball 1993 S. 59 – Aus: Simon, Jacob (Hg.): Handel. A Celebration of his Life and Times 1685–1759. London: National Portrait Gallery 1985 S. 7, 18, 20, 70, 83, 91, 110 oben, 115, 123 – Staatsbibliothek zu Berlin, Preußischer Kulturbesitz, Musikabteilung mit Mendelssohn-Archiv S. 19 – Aus: Terry, Charles Sanford: John Christian Bach. London: Oxford University Press 1929 S. 61 – Aus: Trampert, Lothar: Elektrisch! Jimi Hendrix. Der Musiker hinter dem Mythos. Augsburg: Sonnentanz-Verlag 1991 S. 16 (Relay/Chris Walter) – Aus: Turner, Steve: A Hard Day's Write. Die Story hinter jedem Beatles-Song. Schindellegi: Heel 1996 S. 58 – Aus: Walsh, Michael: Andrew Lloyd Webber. Der erfolgreichste Komponist unserer Zeit. Wien: Paul Neff Verlag S. 40 (Clive Barda/London), 63 (Zoë Dominic) – Aus: Werner, Edwin: Das Händel-Haus in Halle. Geschichte des Händel-Hauses und Führer durch die Händel-Ausstellung. Halle: Händel-Haus 1992 S. 38 – Wir danken den Rechteinhabern für die Abdruckerlaubnis. In einigen Fällen ist es nicht gelungen, sie zu ermitteln. Wir bitten diese, sich mit dem Verlag in Verbindung zu setzen.

Danksagung

Es ist ein wunderbares Privileg, ein Buch über eine Stadt schreiben zu dürfen, die man liebt. Hellmut Saucke, der beste aller Buchhändler, und Melanie Unseld sorgten für die Umsetzung eines langgehegten Wunsches ins Gedruckte, indem sie mich mit den Verlegerinnen Elisabeth Raabe und Regina Vitali bekannt machten und damit den Anstoß für eine im wahren Sinne erfreuliche Zusammenarbeit gaben.
Meine Herzensverbundenheit mit England und seiner Musik verdanke ich den singenden, streichenden, blasenden, orgelspielenden, theaterbesessenen, unentbehrlichen Freunden in Shoreham (Kent): *a thousand thanks* an Joan Lambe, Danny, Jane und Peter Kingshill und ganz besonders an Larry Lambe (†), der mich vor vielen Jahren zum erstenmal zum Evensong in die Kapelle von Windsor Castle mitnahm. *In choirs and places where they sing.*
Dank auch an alle, die bei der Recherche halfen, bereitwilligst Bücher ausliehen und meine Wege durch London mit guten Ideen begleiteten: Birte Hoffmann-Cabenda, Dr. Fritz Jacobs, Birgit Kiupel, Robert Parker, Dr. Julie Ann Sadie, Eva Zöllner sowie viele hilf- und kenntnisreiche Gesprächspartner in Londons Kirchen, Museen und Theatern.

Cuxhaven, im Dez. 1998 Dorothea Schröder

Biographische Notiz

Dorothea Schröder, geboren 1957 in Cuxhaven, Studium der Musikwissenschaft und Kunstgeschichte in Hamburg. 1986 Promotion, 1996 Habilitation. Privatdozentin am Hamburger Musikwissenschaftlichen Institut (Schwerpunkt: Barockoper). Lebt in Cuxhaven und Hamburg. Seit 20 Jahren besucht sie regelmäßig London.

Register der Personen, Orchester, Ensembles und Bands

Halbfette Ziffern verweisen auf Seiten, auf denen Personen, Orchester, Ensembles und Bands in einem eigenen Abschnitt beschrieben werden. *Kursive* Ziffern verweisen auf Abbildungen.

Abel, Karl Friedrich 16, 51, *60*, **60 f.**
Academy of Ancient Music 115
Academy of St. Martin-in-the-Fields 41
Adam, Robert 33, 137
Albert, Prinzgemahl 136, 146
Anne, Königin von Großbritannien und Irland 106, *121*, 121
Anne, Prinzessin 28, 29, 116
Archer, Thomas 147
Armstrong, Louis *54*, 54
Arne, Susanna **82**, *83*
Arne, Thomas Augustine 40, *81*, 81, **82**
Arnold, Samuel 43 f.
Avis, Joseph 120
Avory, Mick 53
Bach, Carl Philipp Emanuel 61, 96
Bach, Johann Christian 16, 51, **60 f.**, *61*, 140
Bach, Johann Sebastian 61
Baird, John Logie 61
Baker, Janet 73
Balfe, Michael William 44, 77
Ball, Kenny 52
Ballets Russes 77, 85
Barber, Chris 52 f.
Barrington, Daines 62
Barry, E. M. 73
Basie, Count *55*, 55, 63
Beatles 6, 49 , 55, 57, *58*, 126, *142*, 142
Bechstein, Friedrich 147
Beecham, Thomas 21, 73, *77*, 77
Beethoven, Ludwig van 9, 100
Benedict, Julius 140
Bennett, William Sterndale 43, *142*, 142
Benton Fletcher, Major George Henry 134
Berg, Alban 100
Berlioz, Hector 140
Bernhardt, Sarah 85
Betterton, Thomas **92**
Bilk, Acker 52
Blow, John 22, 44, 106, 108, 113, 122
Bluesbreakers 60
Boult, Adrian 44
Bowie, David 60
Boyce, William 40, *90*, **90**, 106, 122
Boyle, Richard, Earl of Burlington 13, 21
Brahms, Johannes 32, 100
Bridge, Richard 126

Britten, Benjamin 6, 43, *143*, 143
Britton, Thomas *107*, **107**
Bruckner, Anton *144*, 144, 146
Burnand, Arthur 22
Burnett, Richard 137
Burney, Charles 15, 39, 44, 82, **95 f.**, *96*, 123
Byfield, John 120
Byfield, John II 144
Calloway, Cab 55
Campbell, Colen 21
Chapel Royal **26**, **28**, 47, 90
Charles II. 48
Charlotte, Königin 41
Chevalier, Maurice 57
Chopin, Frédéric 25, *30*, **30**
Christie, Agatha 33
Cibber, Theophilus 82
Clapton, Eric 54, *59*, 60
Clarke, Jeremiah **106**
Clayton, Thomas 75
Clementi, Muzio 16, 46
Coleman, George 63
Coleridge-Taylor, Samuel *94*, **94**
Collcutt, T. E. 64
Colyer, Ken 52
Cook, James 96
Coram, Thomas 89, 97, **97 f.**, 103, 109
Cramer, Wilhelm 16
Cream 60
Croft, William 43
Crosby, Theo 128
Crotch, William 5
Cuzzoni, Francesca 39
Czerny, Carl 76
D'Agoult, Marie 140
Dallam, Robert 124
Dance d. Ä., George 119
Dankworth, John 63
Dannreuther, Edward 142
D'Avenant, William 92
Davies, Cyril 53, 59
Diaghilev, Sergej *85*, 85
Dickens, Charles 56, 119
Dietrich, Marlene 57
Dodge, Mary 31
Dolmetsch, Arnold 135, *136*
Donaldson, George 136
Dowland, John 6, 111
D'Oyly Carte, Richard 64, 78 f.
Draghi, Giovanni Battista 113, 122
Drury, Alfred 21
Du Pré, Jacqueline *147*, 147
Dunstable, John 6, **126**
Dvořák, Antonín 21, 146
Eccles, John **92**
Edwards, Richard 91
Elgar, Edward 6, 25, **25**, 43, 94, *141*, 141 ff.
Elizabeth I. 114, 137, 144
Ellington, Duke 54
England, George 126
English National Opera **85 f.**
Esterhazy, Fürst Nikolaus 24
Evans, W. C. 79
Feldman, Joseph 52
Fenton, Lavinia 132
Festing, Michael 82
Fontane, Theodor 79
Fonteyn, Margot *74*, 74
Franck, Johann Wolfgang 8, 76
Fraser, David 10
Friedrich II. (der Große) 96
Gainsborough, Thomas 32, 98
Garrick, David 46, 75, 90, *131*, 132
Garrick, Eva *131*, 132
Gates, Bernard 116
Genzinger, Marianne von 24
George I. 5, 41
George II. 30
George III. 24, 28
George IV. 30
George V. 66
Georgie Fame and the Blue Flames 53
Getz, Stan 63
Gibbons, Grinling 22, 106, 124
Gibbons, Orlando 28, 44
Gibbs, James 41
Gielgud, John 78
Gilbert, William S. **78 f.**
Gillespie, Dizzy 63
Gluck, Christoph Willibald 39, 96
Goodman, Benny 55
Gounod, Charles 146
Graham, James 32
Grassi, Cecilia 61
Greene, Maurice 106
Grock (Clown) 85
Hammerstein, Oscar (II) 64
Händel, Georg Friedrich 5 f., 7, 10, **13 ff.**, 21 f., 24, 28, 30 f., 37, 39 ff., 43 f., 46, 47, 72, 79, 82, 84, 89, 92, 95, 98, 103, 106 ff., 115 f., 126, 131 f., 134, 136 f.
Harris, Renatus 22, 43, 108 ff., 113, 119 ff., 124
Harrison & Harrison 19, 147
Hasse, Johann Adolf 96
Hasse-Bordoni, Faustina 39
Hawkins, Coleman 55, *55*
Hawkins, John 18, 95 f., *123*, **123**
Hawksmoor, Nicholas 124
Haydn, Joseph 8, 16, 24, **24**, 39, 46, 73, 136
Heath, Edward 21
Heinrich VIII. 26

Hendrix, Jimi *16*, 16
Henrietta Maria, engl. Königin 28
Herman, Woody 63
Herzogenberg, Heinrich 32
Hill & Son 126
Hines, Earl 63
Hitler, Adolf 8
Hogarth, William 79, 97 f., 100
Holland, Frank 135
Holloway, G. H. 64
Holst, Gustav 143
Hopkins, Anthony 38
Horniman, Frederick J. 135
Howells, Herbert 43
Hummel, Johann Nepomuk 76
Ionides, Basil 79
Ireland, John 108
Irving, Henry 77
Jagger, Mick 53
James, John 17
Jekyll, Gertrude 138
Joachim, Joseph 21, 32
Johnson, Samuel 9, 123
Jones, Brian 53
Jones, Gwyneth 73
Jones, Inigo 28, 42, 69 f., 79, 93, 128
Kean, Edmund 131
Kelway, Joseph **41**
Kent, William 18
King, Robert 76
Korner, Alexis 53, 59
Kusser, Johann Sigismund 8
La Rocca, Nick 66
Led Zeppelin 60
Leigh, Vivien 33, *34*
Lennon, John 57
L'Estrange, Nicholas 91
Lind, Jenny 39 f., 46, *143*, 143
Linley, Elizabeth 135
Linley, Mary 135
Liszt, Franz *76*, 76, 140
Locke, John 111
Loewe, Frederick 69
Lower Third, The 60
Lyttelton, Humphrey *52*, 52
Mackerras, Charles 86
Macklin, Charles 81
Macmillan, William 98
Mahler, Gustav 73, *74*
Mander, Noël 106, 109
Marriner, Neville *41*, 41
Marx, Adolf Bernhard 19
Mary, Königin 22, 47
Matcham, Frank 54, 65, 85
Mattheson, Johann 8
McCartney, Paul 100
Melba, Nellie *73*, 73, 108
Mendelssohn, Felix 13, *19*, **19 f.**, 106, 122, 141 f.
Menuhin, Yehudi *141*, 142
Miller, Glenn 142
Moore, Henry 125
Morse, Justinian (»Jonathan«) 109
Moscheles, Ignaz 141
Mozart, Leopold 27, 28, 37, 51, **61 f.**, 132
Mozart, Maria Anna (Nannerl) 27, 28, 37, 51, **61 ff.**, 132
Mozart, Wolfgang Amadeus 27, 28, 37, 51, **61 ff.**, 132, 140
Nash, John 37
Nash, Richard »Beau« 131
Nijinsky, Vaclav *71*, 71
Novosielski, Michael 39
Nurejew, Rudolf *74*, 74
Offenbach, Jacques 78
Olivier, Laurence 33, *34*
Original Dixieland Band 54, *64/65*, 66
Padre Martini 61
Page, Jimmy 60
Palestrina, Giovanni Pierluigi da 18
Parry, Hubert 106, 141, 143
Patti, Adelina 72, 73, 147
Paul Whiteman's Symphonic Syncopated Concert Orchestra 66
Pavlova, Anna *64*, 64
Pearson, J. L. 43
Pendarves, Mary 15
Pepusch, Johann Christoph *95*, **95**
Pepys, Samuel **111 ff.**, *112*
Peterson, Oscar 63
Pevser, Nikolaus 43
Phipps, C. J. 40
Pink Floyd 59 f.
Piper, Daniel 33, 112
Pitt, Ken 60
Playford, Henry 47
Playford, John 112, *113*
Power, Lionel 6
Pückler-Muskau, Hermann Fürst von 17
Purcell, Daniel 110
Purcell, Henry 6, 22, 28, 37, 43 f., 47, **47**, 75, 92, 106, 108, 112 f., 122
Rankl, Karl 73
Rattle, Simon 86
Reynolds, Joshua 21, 98
Rich, John 72, **92**
Richards, Keith 53
Richter, Hans 142, 146
Robey, George 54, 66
Rodgers, Richard 64
Rolling Stones *53*, 53
Roosters, The 53

Roseingrave, Thomas 18 f.
Roubiliac, Louis François 44, 137
Royal Ballet 73 f.
Royal Philharmonic Society 9
Royal Society of Musicians 40
Rubens, Peter Paul 42
Ruckers d. Ä., Andreas 136
Ruckers, Johannes 134
Russel, Francis, Earl of Bedford 69
Sadler's Wells Opera 85
Sallé, Marie 72, 72
Salomon, Johann Peter 16, 24, 46
Sargent, Malcolm *145*
Scarlatti, Domenico 18
Schönberg, Arnold 100
Schrider, Christopher 41, 122
Schumann, Clara 8, **21 f.**, 22, 32
Schumann, Robert 21 f., 142
Scott, George Gilbert 122
Scott, Ronnie 51, 62, **63**
Senesino (eigentl. Bernardi, Francesco) 39
Shakespeare, William 81, 114, 119, 127 f., 131, 141
Shalyapin, Fjodor 78
Shaw, George Bernard 69, 79
Sloper, John 82
Smith, Father Bernhard 18, 43, 106, 109, 113, 119 f., **121 f.**, 124, 126
Smith, Gerard 18
Smith, John Christopher d. J. 98
Smyth, Ethel **31 f.**, *32*
Snetzler, John 19
Soane, John 135
Solti, Georg 73
Sophie Charlotte, Königin 28
Spohr, Louis *140*, 141
Stainer, John 106
Stanford, Charles Villiers 43, 94, 143
Stanley, John *110*, **110**
Stewart, Ian 53
Stirling, Jane 30
Stoll, Oswald 85
Strauß, Johann (Vater) 16
Stravinsky, Igor 100
Sullivan, Arthur 64, *78*, **78 f.**, 106
Tallis, Thomas 28, 144
Taskin, Pascal 137
Taylor, Dick 53
Terry, Ellen 77
Thielke, Joachim 136
Tippett, Michael 144
Torpichen, Lord 30
Turner, William 81
Vanbrugh, John 38
Vandry, Jean-Antoine 137
Vaughan Williams, Ralph 43, *141*, 141
Verdi, Giuseppe 77
Vestris, Lucia Elizabeth **89**
Victoria, Königin von Großbritannien und Irland 20, 26, 30, 140, 146
Voigt, Martin 136
Wagner, Cosima 142
Wagner, Richard 40, 73, 76, 142
Walker & Sons, J. W. 41
Waller, Fats 55
Walton, William 44
Wanamaker, Sam **127**
Waters, Muddy 53, 59
Webber, Andrew Lloyd *40*, 40, 63 ff.
Webber, Henry 46
Weber, Carl Maria von 73, 140
Weelkes, Thomas **111**
Wesley, Charles 90, 144
Wesley, John 144
Wesley, Samuel 144
Wesley, Samuel Sebastian 144
Whiteman, Paul 66
Whiting, Thomas 120
Wilde, Oscar 33
Wilhelm, Prinz von Oranien 28
Will Marion Cooks Southern Syncopated Orchestra 66
William III. 43
Williams, Glynn 47
Williams, Mary Lou 63
Willis, Henry 106, 146
Wood, Henry 108, *109*
Wood, Hugh 6
Wren, Christopher 22, 43, 103, 106 ff., 111, 119, 122, 124 ff.
Wyatt, Benjamin 75
Yardbirds, The 53 f., 60
Youman, Vincent 64

Straßen- und Gebäudeverzeichnis

Halbfette Ziffern verweisen auf Seiten, auf denen die Gebäude, Einrichtungen und Sehenswürdigkeiten in einem eigenen Abschnitt beschrieben werden. *Kursive* Ziffern verweisen auf Abbildungen.

Abbey Road Studios 142
Albany 21
Aldgate High Street 119 f.
Aldwych 76
Amen Court 108
Argyll Street 54 f.
Arundel Street 115 f.
Ave Maria Lane **107**, 108
Bank 124
Banqueting House *42*, **42 f.**
Beak Street 56
Bedfordbury 84
Belvedere Road 147
Bevis Marks 120
Big Ben (Glockenturm) *5*
Blackfriars Bridge 128
Borough High Street 128
Boswell Court 94 f.
Boswell Street 95
Bow Street 71 f., 74
Brewer Street 58
Brick Court 114
British Library (British Museum) 100
British Library St. Pancras 100
Broadway 37, 46 ff.
Brook Street 13, 15 f.
Brunel Road 144
Brunswick Centre 100
Brunswick Square 97, 100
Buckingham Palace 26
Burlington Arcade 19 f.
Burlington Gardens 19
Burlington House *20*, **21**, *22*
Bury Street 23 f.
Cambridge Circus 63 f.
Carlisle Street 61
Carlton House 24
Carnaby Street 51, **55 f.**
Carteret Street 48
Castle Court 123
Catherine Street 74 ff.
Cecil Court 84
Central Criminal Court (»Old Bailey«) 108
Chalk Farm Road 59
Chancery Lane 89
Charing Cross Road 51, 63, 65
Charles II. Street 33, 38
Charlotte Street 141
Chester Place 141
Chesterfield Walk 135
Chinatown 58
Church Court 112
Church Place 23
City Road 144
Clement's Lane **123 f.**
Cleveland Row 26, 32
Clubs:
  100 Club **52**
  Brook's Club 25
  Marquee Club (ehemaliger: 1958–1964) *53*, **53 f.**
  Marquee Club (ehemaliger: 1964–1988) **60**
  Ronnie Scott's Club *62*, **63**
College Road 135
College Street 126
Conduit Street 19
Coram's Fields 97
Cornhill 122 f.
Cosmo Place 97
Covent Garden Piazza **69 f.**, *70*, *79*
Coventry Street 57
Cranbourn Street 65
Creechurch Lane 121
Cromwell Road 136
Crown & Anchor Tavern *115*, **115 f.**
Crown Passage 24
Cursitor Street 89
Davies Street 13
Dean Street 61
Dean's Yard 46
Denkmäler:
  Garrick, David 46
  Händel, Georg Friedrich *45*, *46*
  Nelson-Säule 37, 41
  Purcell, Henry **47**
  Temple Bar-Denkmal 114
Dowgate Hill 126
Downing Street 43
Drury Lane 69
Duke's Place 120
Duncannon Street 86
Ebury Street 62, 84
Eros-Brunnen 56, *57*
Euston Road 100
Farringdon Street 108
Fetter Lane 111
Finsbury Square 144
Fleet Street 103, 110 f.
Foundling Hospital 84, **97 f.**, *98/99*, 100, 103, 109 f.
Fountain Court 114
Frith Street 51, 61 ff., 84
Furnival Street 89
Garlick Hill 128

Gerrard Street 58
Golden Square **56**
Goodwin's Court 84
Gracechurch Street 122
Great Marlborough Street 55, 140
Great Portland Street 20
Great Pulteney Street 24
Great Russell Street 134
Great Turnstile 94
Greenwich Park 135
Gren Park **30 f.**, *31*
Grenville Street **97**
Guildhall 30
Guilford Street 97
Hampstead Grove 134
Hanover Square 16
Hanover Terrace 141
Haymarket 37, 40
High Holborn 94
High Street (Brentford) 135
Holborn Viaduct 108
Holland Street 142
Horse Ride 30
Horseferry Road 37
Hotels:
  Duke's Hotel, s. Wohnung von Edward Elgar
  Le Méridien, s. St. James's Hall
  Midland Grand Hotel 100
  Savoy 78 f., 108
  Seyds Hotel 144
Houndsditch 120
Hunter Street 100
Hyde Park Gate 22
Inner Temple Gateway 111
Inner Temple Lane 112
Innholders Hall 126
James Street 69 f.
Jermyn Street 23
Judd Street 100
Kensington Gardens 142
Kensington Gore 146
Kensington Square 143
King Street 23 ff., 33, 79, 81 f., 84
King William Street 124
King's Library 100
King's Mews 37
King's Square Court 61
Kirchen:
  Brompton Oratory **146**
  Queen's Chapel **28 f.**, *29*
  Southwark Cathedral 128
  St. Alfege, Greenwich 144
  St. Andrew Holborn 98, **108 ff.**
  St. Andrew Undershaft 122
  St. Anne 58
  St. Botolph Aldgate **119 f.**
  St. Bride Fleet Street 44, 108, *110*, **110 f.**
  St. Clement Danes 115
  St. Clement Eastcheap **124**
  St. Dunstan-in-the-West 111
  St. Edmund King and Martyr 123
  St. George Hanover Square **17 ff.**, *18*
  St. James Garlickhythe **126 f.**, 128
  St. James Piccadilly **22 f.**
  St. Katharine Cree **121 f.**
  St. Martin-in-the-Fields **41**, 86
  St. Mary Rotherhithe 144
  St. Mary Woolnoth **124 f.**
  St. Michael Cornhill **122 f.**
  St. Paul's Cathedral 8, 90 f., *101*, **103 ff.**, *104/105*, 119 f., 125, 127
  St. Paul Covent Garden **79**, *80*, **81 f.**
  St. Peter ad Vincula 43
  St. Sepulchre-without-Newgate **108**
  St. Stephen Walbrook *125*, **125 f.**
  Temple Church 110, **112 f.**
  Westminster Abbey 5, 13, 34, *35*, 37, 41, **43 ff.**, *44/45*, 47, 69, 82, 84, 90, 103, 106, 114, 147
Konzertsäle:
  Barbican Hall **146**
  Brompton Oratory **146**
  Hanover Square Rooms **16 f.**, *17*, 61
  Purcell Room **146**
  Queen Elizabeth Hall **146**
  Royal Albert Hall 144, **146 f.**
  Royal Festival Hall **147**
  St. James's Hall **21 f.**, *23*
  St. John's Smith Square **147**
  Wigmore Hall **147**
Lambeth Bridge 37
Lambeth Palace 37
Lancaster House 30
Langham Street 20
Leadenhall Market 122
Leadenhall Street 121 f.
Leicester Square 57, 66
Leicester Street 17
Lincoln's Inn 90, **91**
Lincoln's Inn Fields 72, 91 ff.
Lisle Street 17
Lloyd's Building 122
Lombard Street 119, 123 f.
London Bridge 127
London Road 135
Long Acre 69
Lower St. James Street 56
Ludgate Circus 110
Manchester Square 140
Mansion House 125
Marlborough Road 28, 30

Meard Street 60 f.
Melbury Road 143
Middle Temple Gateway 114
Middle Temple Hall 103, *114*, **114**
Middle Temple Lane 113 f.
Museen und Sammlungen:
British Museum 100, 134
Dulwich Picture Gallery 135
Fenton House *134*, **134**
Finchcock's Living Museum of Music, Goudhurst **137**
Hatchlands Park, East Clandon **137**
Horniman Museum **135**
Musical Museum **135**
National Gallery 17, 37, 40
National Portrait Gallery 40
Ranger's House **135**
Royal College of Music **136**
Samuel Pepys Museum **111 f.**
Shakespeare's Globe Museum **127 f.**
Theatre Museum **71**
Victoria & Albert Museum 33, **136 f.**, 146
Wesley Chapel and Museum 144
New Bond Street 13, 16, 19
New Globe Walk 127
New Hall 91
New North Street 94
New Row 84
New Square 90 f.
Newgate Street 108
Newman Street 61
Newman's Row 94
Norfolk House 33, 137
Old Bell Tavern 110
Old Brompton Road 143
Old Compton Street 61, 63
Old Hall 90
Orme Square 142
Oxendon Street 57
Oxford Circus 51 f., 54
Oxford Street 51 ff., 60 f., 140
Pall Mall 13, 24, 32, 40
Parlamentsgebäude (Houses of Parliament) 5
Parliament Square 43
Pasqua Rosee's Coffee House (Jamaica Wine House) 123
Piccadilly **19 f.**, 21
Piccadilly Arcade 23
Piccadilly Circus 21, 34, 37, 56 f., *57*, 140, 142 f.
Pickering Place 26
Poland Street 52
Porchester Terrace 142
Portugal Street 92
Prince Consort Road 136
Prince Henry's Room, s. Samuel Pepys Museum
Pump Court 113
Quality Court 89 f.
Queen Anne Street 140
Queen Anne's Gate 48
Queen Square 95 f.
Queen Street 127
Queen's Walk 30 f.
Red Lion Street 94
Regent Street 34, 51, 54
Regent's Park 59, 140
Restaurant Evans **79 f.**, *80*
Rock Circus **56 f.**
Round House **58 f.**
Roundhouse Pub **58 f.**
Royal Academy of Arts, s. Burlington House
Royal College of Surgeons 92 f.
Royal Courts of Justice 114
Russell Street 70 f., 74
Saracen's Head Yard 119
Savoy Court 78
Schomberg House **32**
School of Pharmacy 97, 100
Shaftesbury Avenue 51, 59, 65
Sherwood Street 56
Shoe Lane 110
Silk Street 146
Skinners Lane 126 f.
Smith Square 147
Soho Square 61
South Molton Lane 13
Southampton Street 79
Southwark Bridge 127
St. Andrew Street 110
St. Bride Lane 110
St. Bride Street 110
St. George Street 17, 19
St. James's Palace 13, 24 f., *26*, **26 ff.**, 32
St. James's Park 28, 30, 37, 48
St. James's Square 32, *33*, **33**
St. James's Street 24 ff.
St. Martin's Lane 41, 69, 84 f.
St. Martin's Place 40
St. Marychurch Street 144
St. Michael's Alley 123
St. Michael's Court 123
St. Peter's Alley 122
Staple Inn 89
Staple Yard 30 f.
Stationers' Hall **107 f.**, 111
Strand 69, 76, 78 f., 115
Sugarbaker's Court 119
Synagoge, Spanisch-Portugiesische **120 f.**
Temple 103, 112 ff.
The George and Vulture 123
The George Inn 128
The Terrace (Barnes) 143

Theater:
Coliseum Theatre/English National Opera **85 f.**
Covent Garden Opera 38, 86, 89
Duchess Theatre 76
Her Majesty's Theatre *38*, **38 ff.**
Hippodrome **65 f.**
King's Theatre 37, 39 f., 89, 116
Lincoln's Inn Fields Theatre *91*, **92 f.**
London Palladium **54 f.**
London Pavillion 56
Lyceum Theatre **77 f.**, 89
Palace Theatre **64 f.**
Prince Edward Theatre *63*, **63**
Prince of Wales Theatre **57**
Royal Opera House Covent Garden *67*, **72 ff.**, 89
St. James's Theatre 33
Savoy Theatre 64, **78 f.**
Shakespeare's Globe Theatre 119, *127*, **127 f.**
Strand Theatre 76
Theatre Royal Drury Lane 69, *75*, **75 f.**, 90
Theatre Royal Haymarket 34, **37 f.**
Theobald's Road 94
Took's Court 89
Tothill Street 47
Trafalgar Square 37, 40 f., 65, 86
Tunbridge Wells *129*, **130 ff.**
Upper James Street 56
Upper Thames Street 126
Victoria Embankment 116
Victoria Embankment Gardens 116
Victoria Street 46
Vauxhall Gardens 31, 137
Walbrook 125 f.
Wardour Street 51, 54, 57 ff.
Warwick House **31 f.**
Warwick Lane 108
Waterloo Bridge 78, 116
Wellington Street 76 f.
Westminster Bridge 37
Whitehall 37, 41 ff.
Whitehall Palace 37, 42, 51
Whittington Avenue 122
Wigmore Street 147
Wohnungen/Wohnhäuser:
Abel, Karl Friedrich **60 f.**
Arne, Susanna **82**
Arne, Thomas Augustine **82**
Bach, Johann Christian **60 f.**, 140
Benedict, Julius 140
Bennett, William Sterndale 142
Berlioz, Hector 140
Boyce, William **90**
Britten, Benjamin 143
Bruckner, Anton 144
Burney, Charles **95 f.**
Coleridge-Taylor, Samuel **94**
Dannreuther, Edward 142
Elgar, Edward **25**
Händel, Georg Friedrich **13 ff.**, *14*
Hawkins, John **123 f.**
Haydn, Joseph **24**
Hendrix, Jimi 16
Holst, Gustav 143
Lind, Jenny 143
Mendelssohn, Felix 20
Moscheles, Ignaz 141
Mozart, Leopold, Maria Anna und Wolfgang Amadeus **62 f.**, **84**
Parry, Hubert 143
Pepusch, Johann Christoph **95**
Salomon, Johann Peter 46
Spohr, Louis 141
Stanford, Charles Villiers 143
Vaughan Williams, Ralph 141
Vestris, Lucia Elizabeth **89**
Wagner, Richard 142

Musikbücher bei Arche

Wolfgang Dömling
Spaziergänge durch das musikalische Prag
144 Seiten. 101 Abb. 7 Karten. Broschur
Ob Smetana oder Dvořák, Mozart oder Mahler: In Prag den Spuren von Musikern zu folgen heißt, großen Namen auf Schritt und Tritt zu begegnen. Eine Kombination aus Stadtführer, Musikerbiographie und Geschichte eines der beliebtesten Ziele von Kurzreisenden. Mit einem Besuch des ehemaligen Konzentrationslagers Theresienstadt.

Constantin Floros
Johannes Brahms
»Frei, aber einsam«
Ein Leben für eine poetische Musik
320 Seiten. 43 Abb. und Faks. 66 Notenbeispiele. Gebunden
Provokante Annäherungen an einen der meistgespielten Komponisten.
Mit bislang unveröffentlichtem Brief- und Bildmaterial.
»Floros weist nach, daß Brahms alles andere als der Archetypus des absoluten Musikers war.« Das Orchester

Constantin Floros
Gustav Mahler
Visionär und Despot
Porträt einer Persönlichkeit
320 Seiten. 24 Fotos u. Faks. 21 Notenbeispiele. Gebunden
Bislang war sie noch eine »terra incognita«: die »innere« Biographie Gustav Mahlers. Der Hamburger Musikwissenschaftler Constantin Floros zeigt neue Aspekte zur Persönlichkeit des Komponisten und Dirigenten sowie zwischen Biographie und musikalischem Werk auf.